LE CHEVALIER

D'HARMENTAL

DRAME EN CINQ ACTES ET DIX TABLEAUX,

AVEC PROLOGUE,

PAR

ALEXANDRE DUMAS ET AUGUSTE MAQUET.

MUSIQUE DE M. VARNEY.

Représenté pour la première fois, à Paris, sur le Théâtre-Historique, le 26 juillet 1849.

PRIX : 1 FRANC.

PARIS
ALEXANDRE CADOT, ÉDITEUR,
52, RUE DE LA HARPE.

1849

LE CHEVALIER D'HARMENTAL

DRAME EN CINQ ACTES ET DIX TABLEAUX,

AVEC PROLOGUE,

PAR ALEXANDRE DUMAS ET AUGUSTE MAQUET.

MUSIQUE DE M. VARNEY.

REPRÉSENTÉ POUR LA PREMIÈRE FOIS, A PARIS, SUR LE THÉATRE HISTORIQUE, LE 26 JUILLET 1849.

Distribution.

PERSONNAGES.	*ACTEURS.*	*PERSONNAGES.*	*ACTEURS.*
BUVAT	MM. NUMA.	UN EXEMPT	MM. SERRES.
D'HARMENTAL	LAFERRIÈRE.	UN PORTEUR D'EAU	ARMAND.
DUBOIS	DUPUIS.	UN CHANTEUR	PAUL.
LE RÉGENT	PIERRON.	UN GARDE FRANÇAISE	MOREL.
BRIGAUD	BOILEAU.	CLARISSE DUROCHER	Mmes REY.
ROQUEFINETTE	A. ROGER.	BATHILDE	
BONIFACE	COLBRUN.	RAVANNES	H. JOUVÉ.
LAFARE	PEUPIN.	LA DUCHESSE DU MAINE	A. BEAUCHÊNE
DUCOUDRAY	ALEXANDRE.	MADAME DENIS	GÉNOT.
BOURGUIGNON	CASTEL.	NANETTE	ASTRUC.
SIMIANE	H. ARMAND.	MADAME D'AVERNE	RACINE.
UN SURNUMÉRAIRE	VIDEIX.	PERRINE	BETZY.
UN AGENT	DÉSIRÉ.	UNE VOISINE.	
UN CHIFFONNIER	FLEURY.		

La scène se passe à Paris les dix premiers tableaux; le onzième à Chelles.

PROLOGUE.

Une petite chambre avec porte au fond sur un palier. — Fenêtre au fond, avec grand rideau. — Tables, chaises.

SCÈNE PREMIÈRE.

NANETTE, *seule*, BUVAT, *dans la chambre voisine.*

NANETTE, *balayant.* Oui, monsieur Buvat, oui, votre déjeuner est prêt, vos habits sont brossés: vous savez bien que ce n'est jamais moi qui suis en retard... Eh! mon Dieu! quand un homme doit être à son bureau à dix heures, ce n'est pas pour y être à dix heures un quart, on le sait bien.

LA VOIX DE BUVAT, *chantant:*

Laissez-moi aller jouer!
Laissez-moi aller jouer!

NANETTE. Quelle facilité! il chante en écrivant!

BUVAT, *dans l'autre pièce.* Dame Nanette!

NANETTE. Monsieur Jean!

BUVAT. Comment va madame Durocher, ce matin?

NANETTE. Bien doucement, Monsieur, bien doucement... Cette pauvre dame a voulu sortir un peu pour ses sollicitations, comme à l'ordinaire; mais les forces lui ont manqué: elle vient de rentrer. Maintenant je crois qu'elle dort dans sa chambre avec sa petite.

BUVAT. Allons, tant mieux, mon Dieu! tant mieux! Et madame Denis?

NANETTE. Oh! madame Denis, elle se porte trop bien, comme toujours... En voilà une veuve qui n'a pas maigri... On dirait que j'entends son pas dans l'escalier. Je ferme votre porte, monsieur Jean, pour que vous puissiez finir tranquillement vos comptes. Bon! c'est ici qu'elle venait.

Pour la mise en scène, s'adresser à M. CARON, régisseur du Théâtre Historique.

1849

SCÈNE II.

LES MÊMES, MADAME DENIS.

MADAME DENIS, *allant s'asseoir.* Ouf!... Ah! dame Nanette, il n'y a que vingt-huit marches de chez moi chez vous, mais elles sont raides! Comment va le voisin?

NANETTE. M. Jean écrit, Madame.

MADAME DENIS. Encore quelque chef-d'œuvre... Voilà des rideaux bien frippés, dame Nanette.

NANETTE. On les repassera, Madame. (*A part.*) Elle va commencer son inspection, à présent.

MADAME DENIS. Oh! une toile d'araignée, dame Nanette.

NANETTE. Eh! Madame, mon ménage n'est pas fini.

MADAME DENIS. Justement! il devrait l'être.

NANETTE. Mais, Madame, voilà quinze ans que je fais le ménage chez M. Jean; je le faisais chez sa mère, une brave et digne femme, qui ne me chicanait pas, et qui cependant en avait le droit. Comme je ne fais pas votre ménage à vous, Madame, ne vous mêlez pas du mien, je le fais à mon goût; et si mon goût est celui de M. Buvat, personne n'a rien à dire.

MADAME DENIS. Eh bien! vous ne le ferez pas longtemps, son ménage.

NANETTE. Moi!... oh! toujours!

MADAME DENIS. Nous verrons... Voilà une table sous laquelle on n'a pas balayé, un cadre qui n'a pas été épousseté depuis trois semaines.

NANETTE. Madame Denis!...

MADAME DENIS. Ah! c'est le goût de M. Buvat?

NANETTE. Et c'est aussi celui de madame Durocher, qui vous vaut bien.

MADAME DENIS. Une femme qui loge au cinquième, une femme à cinquante livres de loyer, qui ne me paie pas son terme, et qui ne vous paie même pas les six livres qu'elle vous doit par mois.

NANETTE. Une grande dame qui est belle, qui est bonne, qui est noble, qui est... tout ce que tant d'autres ne sont pas.

MADAME DENIS. Vous êtes une impertinente!

NANETTE. Une vraie veuve, celle-là, une veuve qui a eu du chagrin lorsqu'elle a perdu son mari.

MADAME DENIS. Je vous ferai chasser.

NANETTE. Oh! il faudra voir! (*Elles appellent toutes deux en même temps.*) Monsieur Buvat! monsieur Buvat!

SCÈNE III.

LES MÊMES, BUVAT, *une plume à la main.*

BUVAT. Eh! que de bruit!

MADAME DENIS. Monsieur Buvat, c'est une indignité, il faut que vous chassiez cette femme!

NANETTE. Monsieur Buvat, Madame prétend que je fais mal votre ménage.

MADAME DENIS. Nous nous brouillerons si vous ne me donnez pas raison, monsieur Buvat.

NANETTE. Vous chercherez une autre ménagère si vous me donnez tort, monsieur Buvat.

BUVAT. Dame Nanette...

MADAME DENIS. Ah! c'est comme cela!

BUVAT. Madame Denis...

NANETTE. Bien! vous êtes un ingrat!

BUVAT. Mon Dieu! que voilà une journée qui commence mal... Mais qu'est-il arrivé? voyons! Je n'aurai pas fini mon catalogue.

NANETTE. Je suis la plus raisonnable, moi, je me retire, allons, Madame.

MADAME DENIS. Moi, j'ai à vous parler, monsieur Buvat, je reste.

NANETTE, *bas à Buvat.* Monsieur, ne croyez pas un mot de ce qu'elle vous dira.

MADAME DENIS. Plaît-il?

NANETTE. Rien, rien... Vous m'appellerez pour votre déjeûner, monsieur Jean, (*en sortant*) si vous avez le temps de déjeûner aujourd'hui, car il est neuf heures et un quart, je vous en préviens.

BUVAT. Neuf heures et un quart, mon Dieu! Moi qui ai toujours plié ma serviette quand le quart sonne!

MADAME DENIS. Asseyons-nous, monsieur Buvat.

BUVAT. Voisine, asseyez-vous, j'aime autant rester un peu debout. Le matin, comme ça... je me dégourdis les jambes, (*madame Denis s'assied*) et puis quand je suis pressé d'aller à la bibliothèque, et que je me trouve debout, il me semble que je suis en chemin.

MADAME DENIS. C'est que voyez-vous, monsieur Buvat, c'est très sérieux ce que j'ai à vous dire.

BUVAT. Ah! quoi donc?

MADAME DENIS, *prenant un air maniéré.* La position dans laquelle nous sommes ne peut pas durer plus longtemps, monsieur Buvat.

BUVAT. Quelle position!

MADAME DENIS. Une veuve comme moi, jeune, pourvue de quelques agréments, ne peut pas fréquenter un homme de votre âge, sans que le monde en parle, si ce n'est pas pour moi, monsieur Buvat, ce doit être pour mes deux enfants.

BUVAT. Mais qu'est-ce que le monde peut dire, madame Denis, je me lève à six heures du matin, l'été, à huit heures, l'hiver; je vous souhaite le bonjour avant le déjeûner, c'est tout simple, nous sommes voisins! Je déjeûne à neuf heures, j'ai fini à neuf heures un quart, je pars à dix heures moins vingt minutes pour la Bibliothèque, j'en reviens à quatre heures sept minutes. Le soir, nous jouons au loto avec les voisins, avec M. l'abbé Brigaud, quand il vient vous voir... je me couche à neuf heures l'été, à sept heures l'hiver, voilà tout, et depuis quinze ans que je loge dans la maison, c'est chaque jour la même chose. Est-ce qu'il y a du mal à cela?

MADAME DENIS, *se levant.* Non, certes, monsieur Buvat, mais le monde est bien méchant, et quand un jeune homme est avec une jeune femme...

BUVAT. Permettez ! permettez ! à ce compte-là madame Clarisse Durocher, mon autre voisine, est aussi une jeune femme.

MADAME DENIS. Oui, mais une femme qui se dit toujours mourante. Une mijaurée... qui prend des airs de dame... et qui n'a peut-être jamais été mariée.

BUVAT. Je ne sais si elle est dame en effet, mais elle en a bien l'air. Je ne sais si elle a été mariée, mais elle pleure bien tristement son mari.

MADAME DENIS. Il ne s'agit pas de madame Clarisse, mais de moi, mais de vous... si vous me voyez assidûment, c'est que cela vous plaît, n'est-ce pas?

BUVAT, Sans doute... cela me plaît assez de vous voir.

MADAME DENIS. Si vous me faites un doigt de cour, et que je ne vous repousse pas....

BUVAT. Mais, je ne vous fais pas la cour, ma voisine, à moins que, sans le savoir...

MADAME DENIS. Passons, passons.

BUVAT. Je vous assure que je ne vous fais pas la cour, madame Denis, à ma connaissance, du moins.

MADAME DENIS. Je ne m'en fâche pas... mais pour que cela dure honorablement et chrétiennement, deux mots d'explication sont nécessaires. Savez-vous que cette maison me rapporte dix-huit cents livres de rente, monsieur Buvat.

BUVAT. C'est joli.

MADAME DENIS. Savez-vous que j'ai pour mille à douze cents livres de joyaux, pour mille livres d'argenterie, pour trois mille livres de linge, et que mes enfants, ayant une dot de dix mille livres chacun, ne coûteraient rien à mon second mari, si je me remariais.

BUVAT. Vous êtes riche, madame Denis, je le sais bien.

MADAME DENIS. Mais vous, est-ce que vous ne l'êtes pas, riche !

BUVAT. Pas trop.

MADAME DENIS. Votre place à la Bibliothèque du roi, ne vous vaut-elle pas?...

BUVAT. Neuf cents livres.

MADAME DENIS. Et vous avez des économies?. .

BUVAT. Trois cents écus.

MADAME DENIS. Faites une addition, monsieur Buvat.

BUVAT. Une addition de quoi?

MADAME DENIS. De ce que je possède et de ce que vous avez.

BUVAT. Quelque chose comme trois mille livres de revenu... Ah ! une seule personne qui posséderait cela... serait richissime.

MADAME DENIS. Une seule personne... ou un ménage... à deux alors on ne fait qu'un.

BUVAT. C'est vrai.. ou un ménage...

MADAME DENIS. Eh bien ! qu'en dites-vous ?

BUVAT. Voisine... je dis... je ne sais pas, moi.

MADAME DENIS. Réfléchissez.

BUVAT, *ébloui.* Dam !

MADAME DENIS. Je vous donne jusqu'à ce soir... Là-bas, à votre bureau, tout en faisant vos belles écritures, est-ce que vous ne pouvez pas penser un peu comme moi, lorsque je couds ou que je brode près de ma fenêtre?

BUVAT Ah ! voisine, je vais avoir des distractions.

MADAME DENIS. Ayez-en ! (*On frappe.*)

BUVAT. On frappe !.

MADAME DENIS. C'est Nanette... Dieu la bénisse ! (*On frappe de nouveau.*)

BUVAT. Entrez !

CLARISSE. La clé n'est pas sur la porte, monsieur Buvat. (*Buvat court ouvrir.*)

MADAME DENIS. Bon ! c'est cette mijaurée de voisine... que vient-elle faire ici?

(*Buvat se prépare à ouvrir.*)

BUVAT. Entrez, Madame, entrez !

SCÈNE IV.

LES MÊMES, CLARISSE, *puis* NANETTE.

CLARISSE. Pardonnez-moi, monsieur Buvat, je vous dérange. (*Apercevant madame Denis*) Bonjour, madame (*Elle salue.*)

MADAME DENIS. Bonjour, Madame, tiens ! comme vous êtes pâle.

CLARISSE. Je souffre beaucoup.

BUVAT. Ah ! (*Il lui offre un siége.*) Mon Dieu !

CLARISSE. Merci... je venais seulement vous prier de me donner un peu d'encre, je n'en ai plus... et une plume taillée.

BUVAT. Très volontiers, ma voisine... Madame... mais vous chancelez.

NANETTE, *entrant.* Vous avez eu tort de vous lever, Madame, vos jambes manquent sous vous... il fallait m'appeler.

BUVAT. Votre main tremble... vous ne pourrez jamais tenir la plume.

NANETTE. Si c'est quelque chose que M. Buvat puisse écrire pour vous... ce ne sera pas plus mal, allez, Madame.

CLARISSE Peut-être... (*Elle tombe assise.*) Oh ! mon Dieu !...

BUVAT Je suis bien à votre service... Oh ! là ! là ! dix heures moins un quart, il faut que je parte.

NANETTE. Et vous n'avez pas déjeûné.

MADAME DENIS. Et vous manquerez votre bureau.

BUVAT. Oh ! je pars sans déjeûner, le bureau avant tout.

CLARISSE. Monsieur, avant que vous ne partiez... cette plume, cette encre, je vous prie.

MADAME DENIS. Qu'avez-vous à écrire?

CLARISSE. Une pétition.

BUVAT. Une pétition ! oh ! comme j'écrirais cela, moi, si j'avais le temps ; mais vous attendrez bien jusqu'à mon retour, n'est-ce pas, Madame?

CLARISSE. Attendre... je ne sais pas si je pourrai attendre, monsieur Buvat, dans tous les cas, j'ai une lettre à écrire, une lettre plus pressée que la pétition.

NANETTE, *à madame Denis.* Vous voyez bien que madame Durocher veut parler à M. Buvat en particulier; nous les gênons.

MADAME DENIS. Gardez vos leçons, dame Nanette... votre servante, monsieur Buvat.

BUVAT. Adieu, madame Denis.

MADAME DENIS. A tantôt! (*Elle remonte pour sortir, puis revient près de Buvat, lui prend le bras et dit, en minaudant :*) A tantôt!

(*Elle sort, Nanette sort derrière elle.*)

CLARISSE. Qu'elle est heureuse de pouvoir dire : à tantôt.

SCÈNE V.

BUVAT, CLARISSE.

BUVAT. Voyons, Madame, voyons, ne prenez pas cet air triste : on est malade... on souffre... mais on guérit... est-ce qu'il faut douter de Dieu.

CLARISSE. C'est vrai, il ne faut jamais douter de Dieu!... voilà une bonne parole, monsieur Buvat, merci; je ne peux pas douter de Dieu, j'ai un enfant!

BUVAT. Allons! allons! parlons de cette lettre, Madame, je vais vous l'écrire, si vous voulez... j'arriverai un peu plus tard, voilà tout.

CLARISSE. Non, puisque vous êtes si bon, rendez-moi un service plus important... La propriétaire de cette maison est... votre amie... je lui dois déjà deux termes de loyer, le troisième échoit aujourd'hui... elle me rudoie un peu... c'est naturel, mais cela m'est bien sensible, monsieur Buvat, ne sauriez-vous obtenir d'elle un délai... un peu de patience... je n'habiterai pas longtemps désormais cette maison... et quand je partirai, mes meubles resteront en paiement.

BUVAT. Vous allez demeurer chez quelque parent, chez quelqu'ami ?

CLARISSE. Oui, oui, chez un ami...

BUVAT. Avec votre petite fille... avec votre amour d'enfant!

CLARISSE, *sombre.* Avec ma fille! oh! (*Elle pleure.*) non, non!

BUVAT. Mon Dieu, que vous me faites de peine, Madame! que vous me faites de mal!... dix heures moins cinq minutes!

CLARISSE. Adieu, Monsieur, parlez pour moi à la propriétaire, je vous prie, qu'on ne me tourmente pas trop aujourd'hui... il y a juste aujourd'hui deux ans, voyez-vous, que mon mari est mort.

BUVAT. Qu'il y a des gens qui sont malheureux! comment, Dieu qui a le cœur si bon, peut-il voir de pareilles souffrances... ah! le ciel, c'est si loin!... pauvre dame!

CLARISSE. Adieu, adieu, monsieur Buvat.

BUVAT. Non, je ne vous laisserai pas dans ce moment aux prises avec une pareille douleur... parlez-moi, je vous en conjure, je sais bien que je ne puis pas grand chose, mais vous paraissiez désirer tout-à-l'heure d'écrire une pétition. Eh bien! dictez-la moi, je vais écrire.

CLARISSE. Vous avez raison, c'est un devoir sacré que je dois remplir, sinon pour moi qui n'aurai bientôt plus besoin de rien... du moins pour ma pauvre Bathilde. Oui, Monsieur, cette pétition aura peut-être un meilleur sort que toutes nos démarches passées; peut-être un jour la mort du père aura-t-elle empêché l'enfant de mourir de faim.

BUVAT. A qui adressez-vous cette pétition, Madame?

CLARISSE. A M. le duc de Chartres, que mon mari a servi en qualité d'écuyer.

BUVAT. Ecuyer de son Altesse Royale... votre mari?

CLARISSE. Oui, mon mari avait sauvé la vie du prince à Nerwinde, il était devenu plutôt l'ami que le serviteur de son Altesse. M. Durocher, qui m'aimait, m'épousa secrètement au retour de la campagne, et j'étais mère quand Monseigneur, devenu duc d'Orléans par la mort de MONSIEUR, partit pour l'Espagne, où il conduisait des troupes au maréchal de Berwick. M. Durocher partit avec lui; hélas! nos adieux furent tristes comme des adieux éternels. En effet, à la première bataille où il se trouva, mon mari, emporté par son courage jusqu'au centre des Espagnols, lutta corps à corps avec un enseigne, auquel il arracha son drapeau, le conserva malgré une lutte acharnée et, lorsque dégagé par ses compagnons, il se trouva en face du duc, il n'eut que la force de jeter le drapeau à ses pieds, en disant : « Monseigneur, je vous recommande ma femme et mon enfant. » A peine avait-il prononcé ces mots qu'une écume de sang monta à ses lèvres, qu'il chancela sur ses arçons et tomba dans les bras même du duc. Une balle lui avait traversé la poitrine, il prononça encore une fois ces mots : « ma femme, ma fille! » et il expira.

BUVAT, *se levant.* Oh! Madame, et le prince!

CLARISSE. Le prince fut touché de cette mort, il fut touché du sort de cette pauvre femme qu'il ne connaissait pas. Il voulut m'écrire, il m'écrivit de sa main pour me consoler; cette lettre, c'est le seul héritage de ma fille, vous la verrez, vous la lirez... votre bras, Monsieur, les forces me manquent.

BUVAT. On vous a oubliée, enfin!

CLARISSE. Que voulez-vous, le prince est depuis longtemps en Espagne, je n'avais pas d'autre fortune que le traitement de mon mari... les princes ne croient pas à la pauvreté... j'attendis, et comme l'argent me manquait, je quittai mon appartement pour un logement plus petit.

BUVAT. Et le prince?

CLARISSE. Il ne revenait pas; je vendis mes meubles. Quand je fis des démarches à la cour, et que je montrai la lettre du prince, on me répondit que Monseigneur ferait tout pour nous s'il revenait.

BUVAT. Et vous souffrîtes deux ans!

CLARISSE. Malade, mourante, de jour en jour plus faible, plus découragée; chaque matin, depuis que j'habite cet humble appartement, je vais au Palais-Royal, je regarde les fenêtres, les vestibules, espérant toujours que Monseigneur sera revenu. Ce matin encore, j'ai voulu aller jusque-là, mais, ce matin, je n'ai pu arriver.

BUVAT. Il faut demander, demander bien haut! assez haut pour qu'on vous entende.

CLARISSE, *se levant*. Oh! non, ce serait une honte pour le nom de mon mari, ce serait un reproche pour Son Altesse Royale... ce n'est qu'au prince lui-même que la veuve et la fille de M. Durocher peuvent demander assistance, seulement, mes forces s'épuisent et j'ai peur de ne plus pouvoir attendre. Encore une faiblesse qui me prend, monsieur Buvat, ramenez-moi dans ma chambre, je vous prie, ou bien appelez Nanette.

BUVAT. Dame Nanette... oui, oui... prenez mon bras, Madame, allons doucement. Nanette! dame Nanette.

(*Nanette paraît et aide Clarisse à marcher.*)

CLARISSE. Merci! adieu! vous parlerez à madame Denis, n'est-ce pas?

BUVAT. Oh! soyez tranquille.

SCÈNE VI.

BUVAT *rentrant*, *puis* MADAME DENIS.

BUVAT. Cela fend le cœur; allons, faisons vite ce que j'ai à faire et en route! .. Qu'est-ce qu'on va penser de moi à la Bibliothèque. (*Il ouvre un meuble.*) Mon Dieu! mon Dieu! dix minutes de retard.

MADAME DENIS, *qui l'a vu fouiller dans l'armoire.*) Comment! vous n'êtes pas encore parti, monsieur Buvat!

BUVAT. Ne m'en parlez pas! il me semble qu'il y a un an que je n'ai été à mon bureau.

MADAME DENIS. Dieu me pardonne, vous avez pleuré?

BUVAT. Moi! allons donc!

MADAME DENIS. Votre voisine, l'autre, vous a attendri, c'est bien dommage que ce ne soit pas à vous qu'elle doive trois termes.

BUVAT. A propos de ces trois termes, madame Denis, est-ce que vous auriez les quittances?

MADAME DENIS. Les quittances, oui, je les ai sur moi, mais il me semble que c'est assez inutile de les lui porter, à cette grande dame... tous les trois mois elle me répond la même chose... rien.

BUVAT. Eh bien! elle m'a remis son argent, madame Denis, en me priant de vouloir bien payer pour elle.

MADAME DENIS. Elle vous a remis son argent?

BUVAT. Le voici... voulez-vous me donner les quittances?

MADAME DENIS, *les donnant*. C'est surprenant!.. Mais d'où vient que vous avez pris cet argent dans votre armoire?

BUVAT. Dans mon armoire... aie!... voyez-vous, elle m'avait remis la somme, vous n'étiez pas là, et moi qui n'aime pas que l'argent traine, je l'ai serré.

MADAME DENIS. Vous êtes soigneux, monsieur Buvat.

BUVAT. Enfin, le voici.. je m'en vais à la Bibliothèque .. dix heures et demie... c'est effrayant. Nanette! mon chapeau.

MADAME DENIS. Savez-vous que voilà de l'argent venu par miracle, monsieur Buvat?

BUVAT. Oh! oh!.... (*Il appelle*), Nanette!

SCÈNE VII.

BUVAT, MADAME DENIS, NANETTE.

NANETTE, *à madame Denis*. Madame, M. l'abbé Brigaud attend chez vous, ou plutôt à votre porte, vu que vous avez emporté la clé et qu'il parait avoir oublié la sienne... (*A part.*) attrape.

MADAME DENIS. Merci... à tantôt, monsieur Buvat.

BUVAT. Oui, ma voisine, oui... (*madame Denis sort.*) Ecoutez, dame Nanette, la pauvre madame Durocher est bien mal, comme vous avez pu voir.

NANETTE. Hélas! oui, elle s'éteint.

BUVAT. Si malheureusement son état empirait...

NANETTE. Eh bien?

BUVAT. Venez me chercher à la Bibliothèque, dérangez-moi, c'est irrégulier, je le sais bien, mais ma foi tant pis: et puis j'oubliais, dites bien à madame Durocher, quand je serai parti, qu'elle n'a plus à s'inquiéter pour aujourd'hui, et que tout est arrangé avec madame Denis.

(*Il remonte pour sortir et laisse tomber les quittances.*)

NANETTE. Qu'est-ce que cela?

BUVAT. Ah! donnez! donnez!

NANETTE. Les quittances! ah! c'est beau cela, monsieur Jean, c'est très beau!

BUVAT. Silence donc! malheureuse... silence! laissez-moi passer! je suis déjà bien assez en retard.

SCÈNE VIII.

LES MÊMES, CLARISSE, *puis* NANETTE.

CLARISSE. J'étouffe!... j'étouffe!... monsieur Buvat! à moi! je n'y vois plus! monsieur Buvat. je ne veux pas mourir toute seule.

BUVAT. Mon Dieu! Nanette! courez chez le médecin. (*Nanette sort.*)

CLARISSE. De l'air. (*Buvat ouvre la croisée.*) Approchez-vous, je vous prie, écoutez-moi!

BUVAT. Je vous écoute.

CLARISSE La mort me presse! elle envahit mon cœur... Oh! mon enfant! mon enfant!... je vais donc abandonner mon enfant. Monsieur, la famille de mon mari ne l'aime pas, cette chère créature .. c'est donc une enfant abandonnée... Ah! Monsieur!

BUVAT. Abandonnée! ah! Dieu merci, il y a encore des braves gens au monde, madame Durocher.

CLARISSE. Monsieur, apportez-moi ma fille, que je l'embrasse encore une fois... par grâce.

BUVAT. Mais je ne puis vous quitter... Ah! voilà Nanette!... et le médecin, où est-il! voyons?

NANETTE. Il vient, Monsieur, il vient.

BUVAT. Allez chercher la petite, sa mère veut la voir; allez, Nanette. (*Elle sort.*)

CLARISSE. Mon Dieu! je vous recommande l'innocente créature... je meurs trop tôt, mon Dieu! puisque je n'ai pas assuré la vie de ma chère enfant!... oh! Bathilde! Bathilde!

(*Nanette rentre avec l'enfant.*)

BUVAT, *lui présentant Bathilde.* La voici... la voici... et ce médecin qui n'arrive pas! (*Appelant.*) Madame Denis! madame Denis! du secours!

CLARISSE. Chère enfant, tu ne comprends pas, oh!... souviens-toi de ta mère, de ta mère qui a mis toute son âme dans son dernier baiser.

BUVAT. Le médecin! le médecin!

CLARISSE. Monsieur, mes forces s'épuisent... ce que je n'ai pu faire, puisque la mort m'arrête en chemin, essayez de le faire pour ma petite Bathilde... Ah! si Son Altesse pouvait m'entendre!... ma fille aurait un protecteur... Mon Dieu! n'y a-t-il pas ici une mère qui comprenne ce que c'est que de quitter le monde en y laissant un pauvre enfant.

NANETTE. Mon Dieu!

BUVAT. Ses mains sont glacées... au secours!

CLARISSE. J'ai la lettre de Son Altesse... vous savez.

BUVAT. Oui... oui.

CLARISSE. Promettez-moi. .

BUVAT, *sanglottant.* Je vous... le promets...

CLARISSE. Merci! (*Elle s'évanouit.*)

BUVAT. Au secours! à l'aide! Ah! le médecin! venez donc! Monsieur, venez donc.

SCÈNE IX.

LES MÊMES, LE MÉDECIN, *puis* MADAME DENIS *et l'abbé* BRIGAUD.

LE MÉDECIN, *s'approchant de Clarisse et lui tâtant le pouls.* Pauvre femme! c'était pour elle.

BUVAT. Oui, eh bien?

LE MÉDECIN. Vous vous intéressez à elle?

BUVAT. Je crois bien!

LE MÉDECIN. Hélas! Monsieur...

BUVAT. plus d'espoir?... (*Le médecin secoue la tête.*) Elle revient cependant.

CLARISSE. Oui, oui, je reviens; oui, Dieu permet que je revoie encore une fois ce pauvre petit ange, que je vous revoie encore une fois, vous, monsieur Buvat, mon ami. Bathilde, mon enfant, où es-tu?

BUVAT. Mais la voilà, chère Madame.

CLARISSE. Je ne vois plus, je ne sens plus. Mon Dieu! prenez-moi puisque vous le voulez, mais n'abandonnez pas mon enfant. (*Sa main se referme sur la lettre du prince.*)

BUVAT. Madame Durocher!... madame Durocher!...

CLARISSE. Je vous avais parlé d'une lettre, vous savez...

BUVAT. Oui, eh bien?

CLARISSE *se lève et retombe de suite sur son fauteuil.* Ah! ma fille! ma fille!

(*Elle meurt en étendant la main sur la tête de sa fille*).

LE MÉDECIN *lui met la main sur le cœur*, Elle est morte!

BUVAT. Morte!

MADAME DENIS, *entrant.* Morte! pauvre femme.

NANETTE. Ange et martyre... et cette pauvre enfant!...

MADAME DENIS. Il faut l'emmener.. il faut la conduire loin d'ici.

BUVAT. Loin d'ici?

(*Il s'agenouille devant la morte, et prend le papier dans sa main raidie, qu'il baise. Lisant :*)

« Madame, votre mari est mort pour la
« France et pour moi!... ni la France, ni moi,
« ne pouvons vous rendre votre mari, mais
« dites un mot, et si vous avez besoin de nous,
« souvenez-vous que nous sommes tous deux
« vos débiteurs. Votre affectionné,

« PHILIPPE D'ORLÉANS. »

Loin d'ici!... et elle est morte! et son enfant n'a plus que ceci pour héritage!... Oh! si fait, elle a autre chose encore... Viens, ma petite Bathilde (*Il la prend par la main.*) viens, n'aie pas peur, ta mère est endormie, vois-tu... embrasse-la bien doucement... laisse-la dormir encore,.. un jour le bon Dieu la réveillera.

MADAME DENIS. Mais qu'en fera-t-on de cette petite, où la conduirez-vous?

BUVAT. Nulle part.

MADAME DENIS. Comment, nulle part?

BUVAT, *allant s'asseoir et prenant l'enfant dans ses bras.* Est-ce qu'elle n'est pas ici chez moi; elle restera ici. Dieu m'a nourri seul, il nourrira bien cette petite créature pardessus le marché... n'est-ce pas, cher amour d'enfant, que tu resteras avec moi, car à présent je suis ton père.

BRIGAUD, *sur le seuil.* Brave homme!

FIN DU PROLOGUE.

ACTE PREMIER.

Premier Tableau.

Les deux chambres de d'Harmental et de Bathilde, en face l'une de l'autre. — La rue au milieu.

SCÈNE PREMIÈRE.

PERRINE, *chez d'Harmental.* NANETTE, *chez Bathilde.*

NANETTE, *regardant, son balai à la main, dame Perrine qui secoue son tapis.*) Ah! bonjour, dame Perrine, que faites-vous donc?

PERRINE. Vous le voyez bien, je fais la chambre de notre nouveau locataire.

NANETTE. Ah! il est donc arrivé?

PERRINE. Oh! mon Dieu oui, cette nuit, à une heure, par le carrosse de Nevers; il a fallu se lever, lui faire du feu dans sa chambre, encore un peu l'abbé Brigaud lui aurait fait bassiner son lit.

NANETTE. Ah! c'est une connaissance de l'abbé Brigaud?

PERRINE. Mieux que cela, un pupille.

(*Brigaud entre.*)

NANETTE. C'est donc un jeune homme.

PERRINE. Vingt-cinq ans, tout au plus! il vient à Paris, pour entrer dans un ministère. Dam! c'est un fils unique, ça été élevé dans du coton.

UNE VOISINE, *accrochant sa cage à la fenêtre.* Qui ça dans du coton, un serin?

PERRINE. Non, un beau jeune homme qui nous est arrivé de province, cette nuit.

BRIGAUD. Bien, bravo! courage dame Perrine, courage!

PERRINE, *désignant le serin.* Et il va bien, Jonas.

LA VOISINE. A merveille! madame Denis me disait hier que sa fille était enrouée, parce qu'elle avait chanté une heure à un concert. Je lui ai dit: C'est étonnant que votre fille qui est grande comme cela, soit enrouée pour avoir chanté une heure... moi j'ai un serin qui n'est pas plus gros que le pouce, il chante matin et soir, et il a la voix plus claire le soir que le matin.

BATHILDE, *dans sa chambre.* Nanette!

NANETTE. Me voilà, Mademoiselle! (*A Perrine.*) Et on le verra votre beau jeune homme.

PERRINE. Dam! s'il se met à la fenêtre.

LA VOISINE. Il me semble que la vue est assez belle d'ici, pour qu'il se donne ce plaisir-là.

UN PORTEUR D'EAU, *dans la rue.* A l'eau!... qui veut de l'eau!

LA VOISINE. Ah! ciel!... un seau!... montez donc!

BATHILDE. Nanette!

NANETTE, *ouvrant la porte.* Me voilà, Mademoiselle, me voilà, je balayais la chambre.

PERRINE, (*apercevant Brigaud.*) Tiens, c'est vous, monsieur l'abbé.

SCÈNE II.

LES MÊMES, BRIGAUD.

BRIGAUD Oui, c'est moi!

NANETTE, *de l'autre côté.* C'est bien, Mademoiselle! c'est bien .. (*Elle referme la porte.*) Tiens, voilà M. Buvat qui remue là-haut!

BUVAT. Hum! hum!

BRIGAUD. Fait-il jour chez notre jeune homme?

PERRINE. Je ne sais pas... je ne l'ai pas encore vu.

BRIGAUD. C'est bien, dame Perrine, je vais l'éveiller alors.

PERRINE. Oh! pauvre garçon.

BRIGAUD. Bon! est-ce que vous croyez par hasard que je l'ai fait venir dans la capitale, pour qu'il dorme jusqu'à midi? Allez à vos affaires, dame Perrine, allez!

PERRINE. Mais, monsieur l'abbé, je n'ai pas encore fini.

BRIGAUD. Eh bien! vous finirez plus tard, allez! (*Perrine sort.*)

NANETTE, (*passant une mante à Bathilde.*) Tenez, Mademoiselle, voilà ce que vous avez demandé.

BATHILDE, *toujours dans sa chambre.* Merci, Nanette, ah! prends garde... Voilà Mirza qui se sauve.

BRIGAUD, *à la porte du chevalier après avoir fermé les rideaux de la fenêtre.*) Chevalier!... chevalier!

D'HARMENTAL, *dans sa chambre.* Ah! diable, c'est vous, l'abbé, comme vous êtes matinal.

BRIGAUD. Plaignez-vous, je vous apporte des habits convenables à un jeune homme modeste... j'en suis fâché, il faut momentanément renoncer au velours et au satin.

D'HARMENTAL. Oh! j'en ai fait mon deuil, pour les gens que j'ai à voir ici (*Passant la tête*) Bonjour l'abbé, donnez-moi mes hardes, merci!

BRIGAUD. Dépêchez-vous, nous avons à causer. (*Il s'assied et examine un papier.*)

BUVAT, *entrant.* Bien, Nanette, bien... tu fais le déjeûner de Bathilde, n'est-ce pas?

NANETTE. Oui, monsieur Buvat, vous voyez bien.

BUVAT. La crême n'était pas si bonne hier que d'habitude, Nanette.

NANETTE. Vous me l'avez dit et je m'en suis plainte ce matin, monsieur Buvat, aussi, aujourd'hui... (*Elle lui montre la crême.*)

BUVAT. Ah! oui, aujourd'hui il n'y a rien à dire... Je crois qu'il a plu cette nuit, Nanette.

NANETTE A verse.

BUVAT. Alors, mon réservoir doit être plein, nous pourrons faire jouer les eaux dimanche.

NANETTE. Ce sera comme à Versailles.

BUVAT. Je vais voir cela! (*Il sort sur la terrasse en chantant.*).

Laissez-moi aller,
Laissez-moi jouer,
Laissez-moi aller jouer sur la coudrette.

D'HARMENTAL, *sortant de sa chambre.* Bonjour l'abbé. Comment me trouvez-vous?

BRIGAUD. Très bien, à merveille, vous avez l'air du bachelier don Alonzo... Pas une grisette du quartier n'en réchappera.

D'HARMENTAL. Oh! l'abbé, ne parlons pas amour, parlons politique.

BRIGAUD. Oui, vous avez raison, parlons politique et parlons sérieusement. Ecoutez, chevalier, je connais votre famille, et par conséquent je serais fâché de vous entraîner avant que vous ayez bien réfléchi, dans une affaire de cette gravité.

D'HARMENTAL. Comment, ce n'est donc pas vous qui avez parlé de moi à madame du Maine, qui lui avez dit mes motifs de haine contre le régent; mais lorsque conduit chez elle hier sans savoir où j'allais, lorsqu'elle m'a parlé de mon régiment perdu, de ma fortune militaire écroulée, j'ai cru qu'elle tenait tous ces détails de vous.

BRIGAUD. Non, mon cher chevalier, non, c'est à votre ami Valef que vous devez tout cela. On cherchait un homme d'entreprise pour faire un coup de main, Valef forcé de partir pour l'Espagne, a parlé de vous, et voilà comment vous avez reçu ce billet mystérieux qui vous donnait rendez-vous dans une maison inconnue, qui n'était autre que l'Arsenal. Maintenant, chevalier, écoutez: hier, en vous trouvant vis-à-vis de la petite-fille du grand Condé, vis-à-vis de la belle-fille de Louis XIV, vis-à-vis d'une des plus grandes princesses qu'il y ait au monde, vis-à-vis de madame du Maine enfin, vous avez cédé à un moment d'entraînement, et vous vous êtes jeté les yeux bandés dans notre conspiration.

D'HARMENTAL. Oui.

BRIGAUD. Ce n'est pas tout, non-seulement vous êtes devenu le complice, mais encore le chef de toute cette terrible menée, et cela, non pas pour la grandesse d'Espagne qu'on vous a promise, non pas pour le grade de mestre de camp qu'on vous a offert, non pas pour le cordon bleu qu'on vous a montré en perspective; non, je vous connais, mais parce que à vos motifs de haine contre le régent, s'est jointe cette conviction qu'il faisait le malheur de la France.

D'HARMENTAL. En vérité, Brigaud, vous lisez dans ma pensée à livre ouvert.

BRIGAUD. Et alors, vous vous êtes engagé à enlever le régent, à le conduire à Saragosse, vous vous êtes engagé à trouver des hommes pour vous seconder dans cette entreprise.

D'HARMENTAL. Eh bien!

BRIGAUD. Eh bien! aujourd'hui que la nuit a passé sur cette résolution prise hier, d'enthousiasme, je viens vous dire en mon nom, au nom de tous nos amis, au nom de madame du Maine: Chevalier, il est encore temps de vous retirer; il est encore temps de reprendre votre parole; il est encore temps de ne voir dans tout ce qui s'est passé cette nuit, qu'un rêve, qu'un projet en l'air, qu'une folie.

D'HARMENTAL. Brigaud, quand un homme comme moi a donné sa parole, il ne la retire pas, j'ai promis d'enlever le régent et de le conduire en Espagne, j'enlèverai le régent, je le conduirai en Espagne, ou j'y laisserai ma vie.

BRIGAUD. Ainsi, chevalier, c'est une résolution prise?

D'HARMENTAL. Irrévocable! je joue ma tête, c'est vrai, mais comme je suis seul au monde, au moins personne ne pleurera si je perds. Avez-vous des nouvelles de l'abbé Porto-Carrero?

BRIGAUD. Son neveu est arrivé ce matin, il apporte des lettres du roi Philippe V en personne, et il se charge de remporter tout notre plan de conjuration. Vous n'avez pas le temps de copier une partie des pièces, vous?

D'HARMENTAL. J'ai le temps de faire tout ce que vous voudrez, l'abbé, seulement, je vous préviens que j'écris...

BRIGAUD. Comme un gentilhomme, oui, je comprends. Tandis que c'est une magnifique écriture qu'il nous faudrait.

D'HARMENTAL. Comment n'avez-vous pas une imprimerie à vous?

BRIGAUD. Nous en avions une, mais le damné Dubois l'a saisie avant hier: n'importe, en cherchant vous trouverez bien quelqu'un qui écrive comme un imprimeur, enfin, nous reparlerons de tout ceci demain soir, chez madame du Maine.

D'HARMENTAL. Comment, chez madame du Maine.

BRIGAUD. Oui, je dois vous conduire ce soir au bal de l'Opéra, puis à Sceaux, est-ce que vous n'avez pas entendu parler de nos fêtes de nuit.

D'HARMENTAL. Si fait!

BRIGAUD. Eh bien! madame du Maine m'a chargé de vous dire qu'il n'y avait plus à l'avenir de fêtes sans vous... Ainsi, chevalier, vous comprenez.

D'HARMENTAL. Cent fois merci, l'abbé.

BRIGAUD. Ce n'est pas moi qu'il faut remercier, c'est elle. A propos, on vous avait parlé d'un certain capitaine pour vous seconder, n'est-ce pas?

D'HARMENTAL. Oui!

BRIGAUD. C'est un homme sûr.

D'HARMENTAL. C'est un homme comme il en

faut un dans la circonstance où nous nous trouvons, je l'ai vu à l'œuvre, le hasard l'a fait mon témoin dans ce duel, à propos de madame d'Averne où j'ai eu le malheur de blesser M. de la Farre.

BRIGAUD. Vous l'avez sous la main.

D'HARMENTAL. Non, mais je puis l'avoir quand je voudrai, j'ai son nom, son adresse, et presque sa parole.

BRIGAUD. Ayez tout cela? et vous le verrez?

D'HARMENTAL. Je vais lui écrire de venir déjeûner avec moi demain matin, et demain soir, je vous rendrai bon compte de l'entrevue.

BATHILDE (*entrant*). Nanette!

NANETTE. Ah! bonjour, mademoiselle Bathilde.

BATHILDE. Où est petit père, il me semble que je l'ai entendu parler.

NANETTE. Il est sur la terrasse.

BATHILDE. Bien!

D'HARMENTAL. Ah! mais voyez donc, l'abbé.

BRIGAUD. Quoi?

D'HARMENTAL. Oh! la charmante personne.

BRIGAUD. Ma foi, oui!

NANETTE. Vous sortez?

BATHILDE. Nanette, il n'y a pas d'erreur, n'est-ce pas, le marchand de couleurs t'a bien répété ce qu'il avait dit hier à petit père, c'est-à-dire qu'il me donnerait 48 livres de chaque pastel que je ferais pour lui.

NANETTE. Oh! il m'a dit cela aussi vrai que je vous le dis moi-même; seulement, il veut vous parler en personne pour que vous promettiez de n'en pas faire pour d'autres que pour lui.

BATHILDE. J'y vais, Nanette, et si petit père me demande, ne lui dis pas que je suis allée chez M. Papillon, dis-lui seulement que je reviens.

NANETTE. Oui, mademoiselle.

BATHILDE. Dans dix minutes je suis de retour.

BUVAT, *sur la terrasse admirant son rocher et son jet d'eau.* Bathilde!... Bathilde!

NANETTE. Monsieur vous appelle, Mademoiselle.

BATHILDE. Qu'y a-t-il, petit père.

BUVAT. Regarde!

BATHILDE. Oui.

D'HARMENTAL. Le diable m'emporte, l'abbé, si je croyais trouver une pareille figure, rue du Temps-perdu... ouvrez donc la fenêtre, l'abbé, que l'on voie que je reçois bonne compagnie, cela me fera honneur près de mes voisins.

BUVAT. Viens donc sur la terrasse.

BATHILDE. Merci, petit père, elle est trop humide; plus tard, plus tard. (*Elle rentre*). Tu sais que je reviens, Nanette.

BRIGAUD, *ouvrant la fenêtre* Chevalier, je vous prédis, pour peu que cette figure-là regarde de ce côté, qu'avant huit jours nous aurons autant de peine à vous faire sortir d'ici, que nous en avons aujourd'hui à vous y faire rester.

D'HARMENTAL. Mon cher abbé, si votre police était aussi bien faite que celle du prince de Cellamare, vous sauriez que je suis guéri de l'amour et pour longtemps, et la preuve, la voici, c'est que je vous prierai de m'envoyer en descendant, quelque chose comme un pâté et une douzaine de bouteilles du meilleur vin que vous pourrez trouver... Je m'en rapporte à vous, je sais que vous êtes connaisseur... D'ailleurs, envoyées par vous, elles témoigneront d'une attention de tuteur; achetées par moi, elles témoigneraient d'une débauche de pupille, et j'ai ma réputation à garder vis-à-vis de notre hôtesse, madame Denis.

BRIGAUD. C'est juste; je ne vous demande pas pourquoi faire ces provisions, je m'en rapporte à vous.

D'HARMENTAL. Et vous avez raison, mon cher abbé, c'est pour le bien de la cause.

BRIGAUD. Dans dix minutes, le pâté et le vin seront ici!

D'HARMENTAL. Quand vous reverrai-je?

BRIGAUD. D'abord, demain soir, chez madame du Maine, et auparavant même, s'il est besoin.

D'HARMENTAL. Allez, et que Dieu vous garde.

BRIGAUD. Restez! et que le diable ne vous tente pas... souvenez-vous que c'est la femme qui nous a fait chasser tous tant que nous sommes du paradis terrestre... Défiez-vous de la femme.

D'HARMENTAL. Amen! (*Brigaud sort.*)

SCÈNE III.

D'HARMENTAL *chez lui*, BUVAT *sur la terrasse*, NANETTE *repassant.*

(*On sonne chez Buvat.*)

NANETTE. Ah! l'on sonne!

D'HARMENTAL. Il paraît qu'elle est sortie!... (*Apercevant Buvat.*) Oh! la bonne figure de bourgeois.

NANETTE. C'est bien, madame Denis, entrez, madame Denis, il est là, sur la terrasse, je vais l'appeler.

MADAME DENIS. Appelez, mademoiselle Nanette, appelez!

D'HARMENTAL. Oh! madame Denis, mon hôtesse. (*Il referme la fenêtre.*)

NANETTE. Monsieur Buvat, monsieur Buvat! venez! (*Elle s'assied et tricote.*)

BUVAT. Me voilà, Nanette, me voilà!... qui me demande?... Ah! c'est vous, madame Denis.

MADAME DENIS. Oui, voisin, venez.

BUVAT. Me voilà, voisine!

MADAME DENIS. Je vous dérange?

BUVAT. Non, je me promenais dans mon jardin.

MADAME DENIS. Vous avez raison, le matin, l'exercice est salutaire: je voudrais vous parler, Monsieur Buvat.

BUVAT. A moi?

MADAME DENIS. Oui, à vous, à vous seul.

BUVAT. Tu entends, Nanette, la voisine Denis a quelque chose à me dire.

NANETTE. Ah ! (*Elle s'apprête à sortir de mauvaise humeur*).

D'HARMENTAL, *qui a ouvert plusieurs placards en cherchant comme un homme qui s'ennuie, trouve une bibliothèque.* En vérité, l'abbé Brigaud est homme de précaution... Une bibliothèque, voilà qui prouve que ma captivité ne doit pas finir demain.

(*Il prend un livre, s'assied et lit*).

BUVAT. Parlez madame Diens, je vous écoute.

MADAME DENIS. Mon cher monsieur Buvat, ce n'est pas ma faute si dans une époque antérieure, il n'y a pas eu entre nous un de ces rapprochements indissolubles... (*Buvat regarde madame Denis*). Oui, c'est bien, vous aviez une passion dans le cœur, et maintenant que le temps a fait du sentiment un peu trop vif que j'éprouvais pour vous, une amitié durable ! bref, mon cher monsieur Buvat, je viens voir s'il ne serait pas possible de renouer pour d'autres, ce qui a été si malheureusement rompu pour nous.

BUVAT. Madame Denis, je ne vous comprends pas.

MADAME DENIS. Le roi est pauvre, mon cher monsieur Buvat.

BUVAT. On le dit.

MADAME DENIS. Dam, puisque depuis cinq ans on ne vous a pas payé vos appointements à la Bibliothèque.

BUVAT. C'est vrai, madame Denis, depuis cinq ans, trois mois et treize jours, on ne m'a pas payé.

MADAME DENIS. Et cela vous gêne.

BUVAT. Eh, oui, vous comprenez... quatre mille-huit-cent quatre-vingt-une livres dix sous, six deniers, c'est une somme pour moi : heureusement que ce bon M. Chaulieu, qui est aveugle, me fait copier ses poésies et qu'il m'a prévenu hier encore que dans peu de temps, il me ferait avoir des copies très importantes et très bien payées.

MADAME DENIS. Oui, mais en attendant, on est trois à vivre... et Bathilde est obligée de travailler.

BUVAT. De travailler !... Bathilde !... Dieu merci, si Bathilde travaille, madame Denis, c'est pour s'amuser.

MADAME DENIS. Pour s'amuser... allons donc? est-ce qu'on travaille pour s'amuser jusqu'à minuit

BUVAT. Vous dites, vous dites que Bathilde travaille jusqu'à minuit, et travaille pour vivre... vous dites cela, madame Denis.

MADAME DENIS. Je dis, mon cher monsieur Buvat, qu'une jeune fille de seize ans, coquette...

BUVAT. Coquette... Bathilde coquette...

MADAME DENIS. Enfin, qui aime à être bien mise.

BUVAT. Bathilde n'est pas mise comme elle devrait être mise, entendez-vous, madame Denis, Bathilde n'est pas une petite bourgeoise ; Bathilde est une fille noble, la fille de ce pauvre M. Albert Durocher, vous savez bien ce qu'elle est, vous, madame Denis, vous le savez mieux que personne, puisque vous avez vu mourir sa pauvre mère. . Ah ! reprocher à Bathilde d'être coquette.

MADAME DENIS Mais je ne lui reproche rien, cher monsieur Buvat, je la trouve charmante, au contraire, et la preuve...

BUVAT. La preuve?

MADAME DENIS. C'est que je viens vous la demander en mariage.

BUVAT. En mariage... Bathilde ?

MADAME DENIS. Eh bien ! qu'y a-t il donc là de si étonnant... avez vous cru qu'elle ne se marierait jamais, par hasard

BUVAT. Ah ! mon Dieu, je n'avais jamais songé à cela !... Bathilde se marier, mais pour se marier, il faut qu'elle me quitte... Oh ! oh !

MADAME DENIS. Voilà justement, où la proposition que je vais vous faire peut vous aller... mon fils est amoureux de votre pupille.

BUVAT. M. Boniface?

MADAME DENIS. Eh bien ! qu'y a-t-il d'étonnant à cela?

BUVAT. Il est bien jeune, Madame, c'est un enfant

MADAME DENIS. Il a dix-huit ans, il est surnuméraire avec vous à la Bibliothèque, il aura un jour trois mille livres de rentes... sans compter deux mille écus que je lui donne en le mariant.

BUVAT. Oui, je comprends, madame Denis, je vous demande bien pardon... Oh ! Bathilde se marier. . Mon Dieu ! mon Dieu !

MADAME DENIS. Ah ! çà dites donc, père Buvat, est-ce que vous l'aimeriez ?

BUVAT. Si je l'aime, vous demandez si j'aime la fille de la pauvre Clarisse, vous demandez si j'aime l'enfant de mon adoption, l'enfant que je n'ai pas quittée depuis douze ans, excepté pour m'en aller à mon bureau... à qui je pense chaque instant du jour... vous me demandez si je l'aime... sabre de bois, oui, je l'aime !

MADAME DENIS. Non, je demande si vous n'en êtes pas amoureux, par hasard?

BUVAT. Amoureux !.. qu'est-ce que vous dites-là... Amoureux !.. est-ce que je suis amoureux de la Sainte-Vierge... Amoureux !.. moi... moi, qui n'ai jamais été amoureux de personne, vous voulez... mais vous me prenez donc pour un monstre d'immoralité, madame Denis ?

MADAME DENIS. Eh bien ! si vous n'en êtes pas amoureux, mon cher monsieur Buvat, raison de plus.

BUVAT. Madame Denis je trouve votre demande convenable en tout point... Mais comme ce n'est point ma main que vous venez demander pour M. Boniface.. mais celle de Bathilde, vous permettrez que je consulte Bathilde.

MADAME DENIS. Et vous ne l'influencerez pas !

BUVAT. Madame, je me ferai un devoir de la laisser libre d'accepter ou de refuser.

MADAME DENIS. Très bien, monsieur Buvat, et vous lui en parlerez. .

BUVAT. A l'instant même, Madame, à l'instant même.

SCÈNE IV.

LES MÊMES, BATHILDE.

MADAME DENIS. Et tenez, justement la voilà cette chère enfant... Venez mon enfant, je vous laisse avec M Buvat, qui a à vous parler de choses sérieuses, adieu ma chère Bathilde, ou plutôt, au revoir... Monsieur Buvat il est bien entendu que vous la laisserez libre...

SCÈNE V.

D'HARMENTAL, BATHILDE, BUVAT.

D'HARMENTAL, *apercevant Bathilde.* Ah! elle est rentrée!

BATHILDE. Libre de quoi, petit père?

BUVAT. Libre de ton choix, mon enfant!

BATHILDE. De mon choix... de quel choix... voyons, parlez!

BUVAT. Tu as seize ans, mon enfant.

BATHILDE. Oui, eh bien! qu'est-ce que cela veut dire?

BUVAT. Eh bien! cela veut dire que tu es d'âge à te marier.

BATHILDE. A me marier, moi!

BUVAT. Et que madame Denis...

BATHILDE. Madame Denis...

BUVAT. Qui sort d'ici...

BATHILDE. Je l'ai bien vue...

BUVAT. Y est venue...

BATHILDE. Mais achevez donc, petit père.

BUVAT. Y est venue pour demander ta main.

BATHILDE. Ma main, et pour qui?

BUVAT. Pour son fils Boniface.

BATHILDE. Ainsi, petit père, vous avez assez de votre pauvre fille, et vous voulez vous en débarrasser.

BUVAT. Moi, moi, avoir envie de me débarrasser de toi, mais c'est moi qui mourrai le jour où tu me quitteras.

BATHILDE. Eh bien! alors, pourquoi me venez-vous parler de mariage.

BUVAT. Mais parce qu'il faudra bien qu'un jour ou l'autre tu t'établisses, et que plus tard peut-être, tu ne trouveras pas un aussi bon parti;... quoique .. Dieu merci, ma petite Bathilde mérite un peu mieux qu'un M. Boniface.

BATHILDE. Mon petit père, je ne mérite pas mieux qu'un M. Boniface, mais...

BUVAT. Mais quoi?

BATHILDE. Mais je ne me marierai jamais!

BUVAT. Comment, tu ne te marieras jamais.

BATHILDE. Pourquoi me marier... est-ce que nous ne sommes pas heureux comme nous sommes?

BUVAT. Si fait, nous sommes heureux, sabre de bois... je crois bien que nous le sommes.

BATHILDE. Eh bien! si nous sommes heureux, restons ainsi... Vous le savez bien, petit père... il ne faut pas tenter Dieu.

BUVAT. Tiens, embrasse-moi, mon enfant, c'est comme si tu venais de m'enlever Montmartre de dessus l'estomac.

D'HARMENTAL. Qu'est-ce que c'est donc que cet homme qui l'embrasse?

BATHILDE. Mais vous ne désirez donc pas ce mariage, petit père?

BUVAT. Moi, désirer ce mariage... moi, désirer de te voir la femme de ce petit gueux de Boniface... de ce satané chenapan, que j'avais pris en grippe... je ne savais pas pourquoi?.. Ah! je le sais maintenant.

BATHILDE. Mais si vous ne désirez pas ce mariage, pourquoi m'en parlez-vous?

BUVAT. Dam, parce que tu sais bien que je ne suis pas ton père. . Parce que tu sais bien que je n'ai aucun droit sur toi... Parce que tu sais bien que tu es libre.

BATHILDE. Vraiment, je suis libre.

BUVAT. Libre comme l'air, mon enfant.

BATILDE. Alors, je refuse.

BUVAT. Réfléchis bien!

BATHILDE. A quoi?

BUVAT. Tu sais que le roi ne nous paie plus, qu'il y a cinq ans trois mois et treize jours que je n'ai reçu d'appointements, qu'il m'est dû quatre mille huit cents quatre-vingt-une livres dix sous six deniers.

BATHILDE. Petit père, nous sommes riches.

BUVAT. Comment, riches?

BATHILDE M. Papillon ne vous a-t-il pas dit hier qu'il prendrait mes pastels à quarante-huit livres la pièce?

BUVAT. Oui, il me l'a dit, et même je l'ai rembarré...

BATHILDE. Vous avez eu tort, petit père.

BUVAT. J'ai eu tort?

BATHILDE. Oui, moi je viens de chez lui... tenez...

BUVAT. Qu'est-ce que cela?

BATHILDE. Vous le voyez bien, quatre-vingt-seize livres.

BUVAT. Tu as vendu deux pastels!

BATHILDE. Comprenez-vous... Je ne voulais pas le croire, deux dessins de moi pour quatre-vingt-seize livres... ce pauvre M. Papillon, il est fou.

BUVAT. Ainsi, madame Denis ne s'était pas trompée, la fille de Clarisse Gray et d'Albert Durocher travaille pour vivre.

BATHILDE Mais petit père je ne travaille pas, je m'amuse... Eh bien! qu'avez-vous donc, bon ami?

BUVAT. Je ne suis ni votre petit père, ni votre bon ami, Bathilde, je suis le pauvre Buvat que le roi ne paie plus et qui ne gagne pas assez avec son écriture, pour continuer à faire pour vous ce qu'il voudrait faire.

BATHILDE. Mais vous voulez donc me faire mourir de chagrin, petit père.

BUVAT. Moi, te faire mourir de chagrin, mon enfant, qu'est-ce que je t'ai donc dit, qu'est-ce que je t'ai donc fait?

BATHILDE. A la bonne heure, voilà comme je vous aime, c'est quand vous tutoyez votre fille; quand vous ne me tutoyez pas, il me semble que vous êtes fâché contre moi, et alors, je pleure. (*Une pendule sonne neuf heures*).

BUVAT. Qu'est ce que c'est que cela

BATHILDE. C'est neuf heures.

BUVAT. Neuf heures, et je ne suis pas encore habillé... mais jamais je ne serai à mon bureau à dix heures. Ah! maudite madame Denis, va, elle n'en fait jamais d'autres... (*Il sort*). Nanette, Nanette, le couvert.

BATHILDE. C'est égal, quatre-vingt-seize livres par mois... plus que petit père ne gagne à la Bibliothèque... quel bonheur.

(*On frappe à la porte de d'Harmental.*)

D'HARMENTAL Qui va là?

PERRINE, *au dehors*. C'est le vin et le pâté.

D'HARMENTAL. Entrez!

SCÈNE VI.

LES MÊMES, PERRINE, NANETTE.

PERRINE *entrant avec un panier*. Puis le livre que vous avez laissé tomber par la fenêtre: on vous en donnera des bibliothèques pour les rappareiller comme ça.

D'HARMENTAL. Bon, serrez-moi tout cela dans l'armoire.

BATHILDE. Qu'est-ce que c'est que cela? Nanette.

NANETTE. C'est de la musique nouvelle qu'on a apportée.

BATHILDE. Ah! un cadeau de M. de Chaulieu... Cher bon M. de Chaulieu.

(*Elle se met à son clavecin*).

D'HARMENTAL. Dame Perrine!

PERRINE. Qu'y a-t-il?

D'HARMENTAL. Qui donc demeure en face de moi.

PERRINE. En face de vous, là?

D'HARMENTAL. Oui!

PERRINE. Eh bien! c'est M. Buvat.

D'HARMENTAL. Mais cette jeune et jolie personne?

PERRINE. C'est mademoiselle Bathilde.

D'HARMENTAL Qu'est-ce que c'est que M. Buvat et que mademoiselle Bathilde?

PERRINE Vous le voyez bien.

D'HARMENTAL. Est-ce le père et la fille, l'oncle et la nièce... le mari et la femme?

PERRINE. Oh! ma foi, vous m'en demandez plus que je n'en sais.

D'HARMENTAL. C'est elle qui joue du clavecin?

PERRINE. Oui, c'est elle.

D'HARMENTAL. Mais ce n'est pas mal du tout.

PERRINE. N'allez pas dire cela devant madame Denis.

D'HARMENTAL. Et pourquoi?

PERRINE. Parce que sa fille en joue aussi du clavecin.

D'HARMENTAL. Ah! bien. (*Perrine sort*). Mais c'est qu'en vérité, c'est à merveille... Bravo! bravo!

(*Il bat des mains, Bathilde se retourne.*)

BATHILDE. Ah! mon Dieu! (*Elle se lève et se réfugie au fond de la chambre*). Nanette!

NANETTE, *entrant*. Mademoiselle.

BATHILDE. Qu'est-ce donc que ce jeune homme qui loge en face de nous, dans l'ancienne chambre de M. Boniface?

NANETTE. C'est un nouveau locataire de madame Denis, un jeune homme qui arrive de province, il vient pour entrer dans un ministère, il paraît qu'il est de très bonne famille, c'est le pupille de M. Brigaud.

BATHILDE. Ah! très bien, tirez le rideau, Nanette.

D'HARMENTAL. Il paraît que la voisine n'aime pas les applaudissements. Bon, l'on se tiendra pour averti.

BUVAT, *entrant*. Ah! me voilà.

BATHILDE. Voyons, petit père, prenez vite votre café. . il est neuf heures et demie.

BUVAT. Tu as raison.

D'HARMENTAL, *au piano, il chante.*

> Rosette pour un peu d'absence
> Votre cœur vous avez changé,
> Et moi, voyant votre inconstance,
> Le mien d'autre part j'ai rangé;
> Jamais plus, beauté si légère,
> Sur mon âme ne règnera;
> Nous verrons, volage bergère,
> Qui de nous s'en repentira.

BATHILDE. Tiens, entendez-vous, petit père?

BUVAT. Certainement que j'entends.

BATHILDE. Mais c'est très bien, cela.

BUVAT. Ah! vraiment!... attends alors.

BATHILDE. Que faites-vous?

BUVAT. Je tire les rideaux pour que tu entendes mieux.

D'HARMENTAL. Tiens, le bonhomme qui tire le rideau.

BATHILDE. Oh! petit père. . oh!

BUVAT, *à Bathilde qui change de place.* Eh bien! que fais-tu donc?

BATHILDE. Mais je me mets là pour que ce jeune homme ne me voie pas.

BUVAT. Oh! il ne regarde pas par ici.

BATHILDE, (*bas*). Maintenant, non, mais tout à l'heure, il y regardait.

D'HARMENTAL.

> Où sont tant de promesses saintes,
> Tant de pleurs versés en partant,
> Est-il vrai que ces tristes plaintes
> Sortissent d'un cœur inconstant!
> Dieux! que vous êtes mensongère;
> Maudit soit qui plus vous croira...
> Nous verrons, volage bergère,
> Qui de nous s'en repentira.

BUVAT. Allons, il ne faut pas que les délices de la musique me fassent oublier l'heure de la Bibliothèque.

BATHILDE. En effet, petit père, il est dix heures moins dix minutes.

BUVAT. Dix heures moins dix minutes... ma canne et mon chapeau.

BATHILDE. Les voilà, petit père, allez!

BUVAT. Dix heures moins dix minutes... au revoir, mon enfant... à propos, si M. de Chaulieu envoie quelqu'un pour de la copie...

BATHILDE. Soyez tranquille !

(*Buvat embrasse Bathilde et sort.*)

SCÈNE VI.

D'HARMENTAL *chez lui.* BATHILDE (*chez elle.*

D'HARMENTAL.

Celui qui a gagné ma place,
Ne vous peut aimer tant que moi,
Et celle que j'aime vous passe
De beauté, d'amour et de foi,
Gardez bien votre amitié neuve,
La mienne plus ne variera,
Et puis, nous verrons à l'épreuve,
Qui de nous s'en repentira

BATHILDE. Oh ! mais, c'est très bien.

D'HARMENTAL, *se retournant.* Elle écoutait !

BATHILDE, *se rejetant en arrière.* Ah ! si je refermais la fenêtre !... oh ! non, la première fois, c'était bien, la seconde, ce serait ridicule.

D'HARMENTAL. Elle se cache !

(*Il regarde par la fenêtre,*)

SCÈNE VII.

LES PRÉCÉDENTS, BONIFACE, *entrant chez d'Harmental et le voyant regarder par la fenêtre.*

BONIFACE. Bon, je m'en doutais !

D'HARMENTAL, *fermant la fenêtre.* Qu'est-ce que c'est ?

BATHILDE. Ah ! il ferme sa fenêtre, je n'aurai pas besoin de fermer la mienne.

BONIFACE. Oh ! ne vous dérangez pas, monsieur Raoul, c'est moi.

D'HARMENTAL. Vous, qui vous ?

BONIFACE. Eh bien ! moi, Boniface Denis, héritier présomptif de la mère Denis, votre prédécesseur dans cette chambre pour vous servir.

D'HARMENTAL. Ah ! enchanté de faire votre connaissance, monsieur Boniface, vous avez quelque chose à me dire ?

BONIFACE. Moi, non, vous êtes notre locataire, je viens faire connaissance avec vous, et puis, on m'avait dit que papa Brigaud était ici.

D'HARMENTAL. Papa Brigaud ?

BONIFACE. Oui, c'est un petit nom d'amitié que je lui donne, vous comprenez que ça ne peut pas être un vrai nom puisqu'il est abbé, et que la mère Denis est veuve... après cela, vous me direz ce n'est pas une raison... Ah ! oui, la fenêtre, je comprends.

D'HARMENTAL. Que voulez-vous dire ?

BONIFACE. Je veux dire que vous mourez d'envie de regarder de l'autre côté de la rue.

D'HARMENTAL. Moi ?

BONIFACE. Vous !... Eh bien ! je vais vous donner un avis, monsieur Raoul.

D'HARMENTAL. Lequel ?

BONIFACE. Ne regardez pas trop de ce côté-là.

D'HARMENTAL. Du côté de mademoiselle Bathilde ?

BONIFACE. Ah ! voilà que vous la connaissez déjà ? bon, alors ça ira bien, allons, allons, ça n'est pas bien de la part de la mère Denis, elle aurait dû vous prévenir...

D'HARMENTAL. me prévenir de quoi ?

BONIFACE. Tiens, il faut prévenir les locataires quand il y a dans les maisons des cas rédhibitoires... ah ! c'est un terme de palais, vous ne connaissez pas cela, vous ?

D'HARMENTAL. Que voulez-vous dire ?

BONIFACE. Je veux dire que dans huit jours, vous serez amoureux comme un fou de mademoiselle Bathilde, et que ce n'est pas la peine d'être amoureux d'une coquette.

D'HARMENTAL. D'une coquette !

BONIFACE. Oui, d'une coquette ! d'une coquette ! je ne m'en dédis pas... d'une coquette qui fait la bégueule avec les jeunes gens, et qui demeure avec un vieux... sans compter sa gueuse de Mirza... Mirza, c'est sa chienne, qui mangeait tous mes bonbons, et qui, chaque fois qu'elle me rencontre maintenant, veut me mordre les mollets, et cependant, je ne lui ai fait que des politesses.

D'HARMENTAL. Pardon... mais j'aurais cru que ce bon bourgeois que j'ai vu sur la terrasse, car c'est de lui, sans doute, que vous voulez parler...

BONIFACE. De lui-même, le vieux coquin... heim ? qui dirait cela de lui.

D'HARMENTAL. J'aurais cru que c'était son père.

BONIFACE. Son père ! est-ce qu'elle a un père, mademoiselle Bathilde, elle n'a pas de père.

D'HARMENTAL. Ou du moins son oncle ?

BONIFACE. Oh ! oui, son oncle, à la mode de Bretagne... n'est-ce pas, papa Brigaud.

SCÈNE IX.

LES MÊMES, BRIGAUD.

BRIGAUD. Oh ! tu es ici, méchant espiègle... et qui t'a permis de venir chez M. Raoul ?

BONIFACE. Tiens, personne donc .. je puis bien venir chez lui, puisqu'il demeure chez nous... Ah ! cette épée... vous portez donc une épée, monsieur Raoul ?

D'HARMENTAL, *bas à Brigaud.* Eh bien ! quoi encore ?

BRIGAUD. Notre copiste est trouvé.

D'HARMENTAL. Et vous revenez pour cela.

BRIGAUD. Je n'ai pas quitté la maison.

D'HARMENTAL. Il demeure donc dans la maison ?

BRIGAUD. Non, en face.

D'HARMENTAL. Bon, où cela ?

BRIGAUD On vous dit en face.

D'HARMENTAL Comment cela !...

BRIGAUD. Oui, là !... ce bon bourgeois... c'est un ami de madame Denis, de notre hôtesse... de sorte, que vous comprenez, chevalier... il s'agit en attendant que les papiers soient prêts, de ne pas vous mettre trop mal avec lui.

D'HARMENTAL. Ah! diable!

BRIGAUD, *à Boniface qui fouille dans ses poches.* Eh bien! que fais-tu petit drôle?

BONIFACE. Ne faites pas attention, papa Brigaud, je regarde seulement s'il ne reste pas dans votre poche un petit écu pour votre ami Boniface.

BRIGAUD. Tiens, en voilà un gros et laisse-moi tranquille.

BONIFACE. Ah! papa Brigaud, vous avez un cœur de cardinal, et si le roi ne vous fait qu'archevêque, parole d'honneur, vous serez volé de moitié.

BRIGAUD. C'est bon! c'est bon! à demain soir, chevalier (*Il sort.*)

BONIFACE. Adieu, monsieur Raoul, je vous le répète, prenez garde à mademoiselle Bathilde, si vous voulez garder votre cœur, et jetez-moi une bonne boulette à Mirza, si vous tenez à vos mollets... me voilà, papa Brigaud. (*Il sort.*)

SCÈNE X.

D'HARMENTAL, *seul*, BATHILDE *travaillant.*)

D'HARMENTAL. Charmant jeune homme, c'est égal, il m'a appris une chose au moins, c'est que Bathilde n'est ni la femme ni la fille de cet affreux bourgeois. . Ah! et puis il m'a appris encore une chose, c'est que la chienne s'appelait Mirza... (*Il appelle.*) Mirza! Mirza! ah! elle est apprivoisée... la charmante petite bête... il paraît qu'elle est seule dans la chambre .. Mirza!... (*Il prend un morceau de sucre et le lui jette.*) Mirza!.... (*Mirza mange le morceau de sucre,*) le moment approche où je vais jouer mon avenir, ma liberté, ma vie... et je.. oh! c'est qu'il me semble que si cette charmante fille qui est là, priait pour moi, je n'aurais plus rien à craindre. Mirza! (*Il lui jette un second morceau de sucre.*) Oh! une idée! (*Il se met à une table et écrit.*)

BATHILDE, *regardant par la fenêtre non ouverte.* Mon Dieu, j'ai bien envie cependant... il croit que je n'y suis pas... et si je me montre... que fait-il?... il écrit.

D'HARMENTAL, *prend un troisième morceau de sucre et l'enveloppe avec le billet qu'il vient d'écrire.* Mirza!... (*Il jette le morceau de sucre et le billet.*) L'abbé m'a dit de me tenir bien avec mes voisins... Suivons ses conseils.

BATHILDE. Oh! cette fois, par exemple.. oh! non, cette fois moins que jamais, car s'il me voit fermer la fenêtre, il croira que c'est pour lire ce billet!... (*Mirza écarte le papier et mange le sucre.*)

D'HARMENTAL *fermant sa fenêtre.* Bien!

BATHILDE, *apercevant Nanette qui entre.* Ah! c'est toi, Nanette.

NANETTE. Oui, qu'avez-vous donc?

BATHILDE. Moi, rien!

NANETTE. On dirait que votre voix tremble.

BATHILDE Tu te trompes.

NANETTE, *voyant à terre le billet qui enveloppait le sucre.*) Qu'est-ce que c'est que cela, Mademoiselle?

BATHILDE Rien, un papier qui sera tombé de ma poche et qu'il faut jeter au feu.

NANETTE. Si cependant c'était quelque chose d'important, lisez, Mademoiselle.

BATHILDE. Oh! mon Dieu, donne... emmène, Mirza!... (*Nanette, emmène Mirza. Après un moment d'hésitation, Bathilde lit.*) « On vous dit orpheline, je suis sans parents, nous sommes donc frère et sœur devant Dieu.. ce soir, demain, après-demain, peut-être, courrai-je un grand danger... mais j'espérerais en sortir sain et sauf, si ma sœur Bathilde voulait prier pour son frère Raoul. »

(*Après un mouvement involontaire qui la rapproche de la fenêtre.*)

Un grand danger, mon Dieu!

D'HARMENTAL, *voyant Bathilde le billet à la main, et rouvrant la fenêtre.* Vous prierez pour moi... je ne crains plus rien, merci!

(*D'Harmental sort pour rejoindre Brigaud, Bathilde se sauve dans la chambre à côté.*

ACTE DEUXIÈME.

Deuxième Tableau.

LE BAL DE L'OPÉRA. — Un couloir de l'Opéra. — Trois portes donnant sur la salle. — Banquettes.

SCÈNE PREMIÈRE.

DUBOIS, *en domino noir, un ruban couleur de feu sur l'épaule, puis un* DOMINO GRIS, *puis un autre* BLEU. MASQUES.

DUBOIS. Eh bien! mes drôles ne seraient-ils pas à leur poste... Ah! si fait, voici un domino gris qui porte le ruban d'uniforme. (*S'approchant.*) D'Argenson.

LE DOMINO GRIS. Chanson.

DUBOIS. Est-il ici?

LE DOMINO GRIS. Oui.

DUBOIS. A quelle heure est-il entré?

LE DOMINO GRIS. A minuit moins dix minutes.

DUBOIS Avec qui est-il?

LE DOMINO GRIS. Avec M. de Simiane.

DUBOIS. Où est-il?

LE DOMINO GRIS. Dans la loge derrière nous.

DUBOIS. Dans laquelle? celle de droite, celle de gauche, celle du milieu.

LE DOMINO GRIS. Dans celle du milieu.

DUBOIS Y est-il seul avec Simiane?

LE DOMINO GRIS. Non, ils y ont trouvé la Souris et la Desmares.

DUBOIS. Qu'a-t-il fait depuis qu'il est dans la loge?

LE DOMINO GRIS Il appelé le garçon et lui a demandé des glaces.

DUBOIS. Va! (*Le domino gris se retire... à un Domino bleu foncé qui a un ruban couleur de feu.*) Chanson !

LE DOMINO BLEU. D'Argenson!

DUBOIS. Est-il ici?

LE DOMINO BLEU. Oui!

DUBOIS. A quelle heure y est-il entré?

LE DOMINO BLEU. A minuit moins dix minutes.

DUBOIS. Avec qui était-il?

LE DOMINO BLEU. Avec M. de Simiane.

DUBOIS, Où est-il?

LE DOMINO BLEU. Dans la loge derrière nous.

DUBOIS. Laquelle? celle de droite, celle de gauche, celle du milieu.

LE DOMINO BLEU. Dans celle du milieu.

DUBOIS. Y est-il seul avec Simiane?

LE DOMINO BLEU. Non, la Souris et la Desmares y étaient déjà quand ils y sont entrés.

DUBOIS. Qu'a-t-il fait depuis qu'il est dans la loge?

LE DOMINO BLEU. Il a appelé un garçon et a demandé des glaces.

DUBOIS. Va! (*Le domino bleu se retire.*) Eh bien, que l'on dise encore que ma police est mal faite, voilà deux gaillards qui ne se connaissent pas, qui ne savent pour qui ils travaillent, et qui m'ont répété mot pour mot les mêmes paroles (*Au garçon qui passe avec un plateau.*) Halte!

LE GARÇON. Qu'y a-t il pour votre service?

DUBOIS. Tu portes des glaces dans la loge n° 12.

LE GARÇON. Oui!

DUBOIS. A un domino violet.

LE GARÇON. Oui.

DUBOIS Attends!

LE GARÇON. Mais dites donc, et le domino violet?

DUBOIS. Tiens! (*Il lui donne un écu.*)

LE GARÇON. Qu'il attende, alors!

DUBOIS *écrivant quelques lignes sur ses tablettes* « Une jeune et jolie femme qui a re-
« connu M. le Régent sous son masque et sous
« son domino, l'attend dans le corridor pour lui
« dire deux mots...» va, et donne-lui ce billet.

LE GARÇON A qui?

DUBOIS Pardieu au domino violet.

LE GARÇON. On y va. (*Il entre dans la loge en face n° 12.*)

UN GARDE FRANÇAISE *s'approche de Dubois.* Chanson!

DUBOIS. D'Argenson!

LE GARDE FRANÇAISE. Une lettre, monseigneur.

DUBOIS. De qui?

LE GARDE FRANÇAISE. De la rue Quincampoix!

DUBOIS Bien! promène-toi dans ce corridor.

LE RÉGENT, *dans la loge.* Une jeune et jolie femme qui veut me dire deux mots. (*Il vient en scène*). Où est-elle?

SCÈNE II.

LE RÉGENT, DUBOIS.

DUBOIS *se démasquant.* La voici, monseigneur.

LE RÉGENT. Comment, c'est toi qui te permets de me poursuivre jusqu'ici.

DUBOIS. Monseigneur, pour affaire d'importance.

LE RÉGENT. Dubois, tu sais bien que lorsque je suis au bal ou que je soupe...

DUBOIS. Oui, je sais qu'il est défendu de déranger monseigneur

LE RÉGENT. Eh! bien, alors?

DUBOIS. Oui, mais monseigneur sait que j'ai fait une exception.

LE RÉGENT. Pour l'Espagne... ce qui fait que je voudrais que l'Espagne fût à tous les diables

DUBOIS. Oh! monseigneur!... Monseigneur!

LE RÉGENT. Voyons, dis vite... une dépêche n'est-ce pas?

DUBOIS. Oui!

LE RÉGENT Pourquoi ne m'as-tu pas donné cette dépêche dans la journée.

DUBOIS. Parce qu'elle n'est arrivée que ce soir.

LE RÉGENT. Par courrier...

DUBOIS. Extraordinaire.

LE RÉGENT. Et comment diable as-tu su que j'étais ici?

DUBOIS. Par mes gens, pardieu.

LE RÉGENT. Est-ce que tu te permettrais de me faire espionner, drôle!

DUBOIS. Mais je vous prie de croire, monseigneur, que je passe ici ma vie à cela. . et je dois le dire, vous ne me ménagez pas la besogne.

LE RÉGENT. Voyons cette dépêche!.. (*Dubois la lui donne et va transmettre quelques ordres à un domino gris.*) Eh! bien, qu'y-a-t-il de si extraordinaire là-dedans.

DUBOIS. Est-ce que vous ne voyez pas que madame du Maine est en correspondance suivie avec la reine d'Espagne.

LE RÉGENT. Ma mère l'est bien avec toutes les reines du monde.

DUBOIS. Ne voyez-vous point que l'on prépare un appartement dans la citadelle de Sarragosse.

LE RÉGENT. Le roi d'Espagne a peut-être son masque de fer à y enfermer.

DUBOIS. Ne voyez-vous pas que le roi d'Espagne a fait passer cinq cents mille livres à Paris.

LE RÉGENT Eh bien! tant mieux, tu dis toujours qu'il n'y a plus d'argent en France.

DUBOIS. Ne voyez-vous pas que M. de Saint-Aignan me recommande de vous dire de prendre garde personnellement à vous.

LE RÉGENT. Il te le dit dans toutes ses lettres, et si tu n'as pas quelque chose de mieux à m'apprendre...

DUBOIS Non, je l'avoue, je n'ai rien de mieux... à moins qu'une lettre qu'on vient de me remettre de la rue Quincampoix.

LE RÉGENT. Eh! pardieu, c'est de M. Law qui te dit que les actions du Mississipi ont haussé.

DUBOIS. Oui, et que madame du Maine en a vendu pour cent mille livres.

LE RÉGENT Il faut bien qu'elle paie ses fêtes de Sceaux avec quelque chose.

DUBOIS. Monseigneur, vous feriez damner un cardinal.

LE RÉGENT. Qu'est-ce que cela te fait, tu n'es qu'archevêque.

DUBOIS. Monseigneur...

LE RÉGENT. Dubois... il y a une ambassade vacante, j'ai bien envie de t'y envoyer.

DUBOIS Et où cela votre ambassade.

LE RÉGENT. En Chine.

DUBOIS. Et pourquoi pas dans la lune .. vous seriez encore plus sûr d'être débarrassé de moi.

SIMIANE, *sortant de la loge.* Eh bien!

LE RÉGENT. Ah! mon ami!... à moi! à l'aide!... je suis aux mains des infidèles, Simiane.

SCÈNE III.

LES MÊMES, RAVANNE.

RAVANNE Ah! que je te trouve à propos, Simiane, et la bonne histoire que j'ai à te raconter.

UN MASQUE Bonsoir, Ravanne... sais-tu où est monseigneur?

RAVANNE. Non, nous sommes brouillés.

LE MASQUE Bah! et pourquoi?

RAVANNE. Pour une femme, parbleu!

LE RÉGENT. Petit fat, va!

DUBOIS. Venez, Monseigneur.

SIMIANE Et quelle est ton histoire, voyons.

RAVANNE. Il n'y a qu'une chose qui me désespère.., c'est qu'elle va réjouir ce coquin de Dubois.

DUBOIS. Hein?

SIMIANE. Cest donc quelque méchante aventure arrivée à Monseigneur

RAVANNE. Pardieu! sans cela est-ce que je la raconterais.

LE RÉGENT. Plaît-il?

RAVANNE, *au régent et à Dubois masqués.* Oh! vous n'êtes pas de trop, messieurs, au bal de l'Opéra, on est en famille! il faut d'abord vous dire une chose que vous savez tous, c'est que madame de Parabère, quoique séparée depuis deux ans de son mari, était, comme disent nos voisins d'Outre-Manche, dans une position intéressante.

LES MASQUES. Eh bien! cela est connu.

RAVANNE. Oui, mais voilà où nous entrons dans l'inconnu .. M. le Régent qui savait à quoi s'en tenir ou à peu près sur la vertu de la marquise... consulta sur la paternité probable... devinez qui?

SIMIANE. Comment veux-tu que nous sachions cela.

RAVANNE. Le lieutenant de police. M. d'Argenson qui sait tout, lui répondit sans hésiter: Monseigneur, l'enfant est de vous, ou du duc de Richelieu. (*On rit.*)

LE RÉGENT *à Dubois.* Ma parole d'honneur, c'est que c'est vrai comme l'évangile, ce qu'il raconte là.

SIMIANE Eh bien! que fit le régent.

RAVANNE. Il fit inviter par madame de Parabère, M. de Richelieu à la venir voir... seulement ce fut lui qui le reçut. — Mon cher duc, lui dit Son Altesse, je vous ai fait prier de passer pour vous dire que cette pauvre marquise est dans un grand embarras, et nous aussi. — Comment cela, demanda le duc. — Son Altesse lui raconta la chose. — Diable! fit Richelieu, mais cet imbécile de Parabère va crier comme un paon. — Justement, reprit Son Altesse, il voudra que je le fasse duc. — Eh bien! mais, si en attendant, nous le faisions père, dit Richelieu; un affreux jeu de mots. — Mon cher, s'écria Son Altesse, vous avez justement eu la même idée que la marquise. Seulement, c'est assez difficile, attendu qu'il y a deux ans. . — Bon, fit Richelieu... M. de Parabère a-t-il toujours pour le Chambertin et le Romanée ce faible que je lui ai connu? — Toujours! — Alors nous sommes sauvés! — Sauvés! expliquez-moi cela, duc... — Rien de plus simple, vous comprenez, Monseigneur, j'invite le marquis à souper dans ma petite maison avec une douzaine de mauvais sujets et de femmes charmantes... vous y envoyez Dubois. — Comment, Dubois?... — Sans doute, il faut bien quelqu'un qui conserve sa tête, et comme Dubois ne peut pas boire, les médecins le lui ont défendu. (*On rit.*) Eh bien! mais il se chargera de faire boire le marquis... et quand nous serons tous sous la table, il le démêlera du milieu de nous, et il en fera ce qu'il voudra... le reste regarde la marquise... surtout qu'il n'aille pas se tromper.

SIMIANE De sorte que...

RAVANNE. De sorte que tout réussit à merveille, après s'être endormi chez le duc de Richelieu. le marquis de Parabère se réveilla chez sa femme.

TOUS. Chez sa femme?...

RAVANNE. C'est Mgr. l'archevêque de Cambrai, le successeur de Fénélon, qui avait arrangé cela. (*On rit.*)

DUBOIS, *à part.* Ah! le petit serpent.

LE RÉGENT, *à Dubois*. Il raconte très bien, je trouve.

SIMIANE, *à Ravanne*. Finis donc... se réveilla chez sa femme ..

RAVANNE. Vous comprenez qu'il a fait grand bruit, mais il n'y avait pas moyen de crier au scandale, pas moyen d'intenter un procès .. sa voiture avait passé la nuit à la porte de la marquise, tous les domestiques l'avaient vu entrer à l'hôtel, et en sortir, de façon que le duc et Son Altesse ne furent plus préoccupés que d'une chose, c'était de savoir auquel des deux l'enfant ressemblerait... Enfin, la marquise est accouchée ce soir.

LE RÉGENT. Ah!

DUBOIS. Ah!

SIMIANE. Et à qui l'enfant ressemble-t-il?

LE RÉGENT. A Richelieu...

SIMIANE. A Son Altesse?

RAVANNE. A Simiane.

LE RÉGENT. Pas possible!

RAVANNE. Très possible!

DUBOIS, *au régent*. Je trouve qu'il raconte très bien!

RAVANNE. Est-ce que l'histoire n'est pas bonne?

LE RÉGENT. Très bonne!

SIMIANE. Parfaite!

TOUS. Parfaite!

SIMIANE, *prenant Ravanne à part*. D'autant plus parfaite, que tu l'as racontée, ah! ah! ah! devant qui .. devant monseigneur le régent lui-même.

RAVANNE. Bah!

SIMIANE. Ce domino violet!

RAVANNE. C'est lui!...

SIMIANE. Lui-même en personne.

RAVANNE. Ah! quel malheur que celui qui lui donne le bras...

SIMIANE. Eh bien?

RAVANNE. Ne soit pas...

SIMIANE. Qui?

RAVANNE. Dubois.

DUBOIS, *s'avançant*. Vous n'avez rien à vous reprocher, chevalier.

RAVANNE. Dubois! j'ai fait coup double!... ah! monseigneur, je vous demande pardon...

LE RÉGENT. Chut! donc.

RAVANNE. Ah! monsieur l'archevêque, que je suis désespéré.

DUBOIS. Silence! morbleu!

RAVANNE, *seul, appelant*. Garçon! garçon! un verre d'eau sucrée. Ah! l'histoire était bonne, mais maintenant, ma foi, elle est excellente... ah! garçon! un verre d'eau sucrée, je t'en prie. . (*le garçon entre*.) Je l'ai bien gagné!...ah! la précieuse aventure... j'ai envie de te la raconter, garçon.

SCÈNE IV.

LES MÊMES, MADAME D'AVERNE, *en domino rose*.

MADAME D'AVERNE, *à Ravanne*. Chevalier!...

RAVANNE. Ah! je vais vous la raconter.

MADAME D'AVERNE. Quoi?

RAVANNE. Mon histoire!

MADAME D'AVERNE. Je la sais.

RAVANNE. Comment cela!

MADAME D'AVERNE. J'écoutais!

RAVANNE. Ah! bien... alors, si tu écoutais, beau masque, laisse-moi aller chercher des gens qui n'écoutaient pas.

MADAME D'AVERNE. Tout de suite, mais auparavant, deux mots.

RAVANNE. Parle!

MADAME D'AVERNE. Comment cela s'est-il passé?

RAVANNE. Quoi?

MADAME D'AVERNE. La rencontre.

RAVANNE. Quelle rencontre?

MADAME D'AVERNE. Ne faites pas l'ignorant, je sais tout.

RAVANNE. Diable!

MADAME D'AVERNE. Ne craignez rien, je suis la personne pour laquelle le chevalier d'Harmental s'est battu.

RAVANNE, *criant*. Madame D'Averne!...

MADAME D'AVERNE. Chut! donc, quelle trompette de Jéricho, que ce garçon-là!

RAVANNE. Ah! c'est vrai, pardon!... cela s'est passé à merveille.

MADAME D'AVERNE. Le chevalier...

RAVANNE. Est sain et sauf.

MADAME D'AVERNE. Oh! tant mieux, ce n'eût pas été juste... et vous me dites la vérité?..

RAVANNE. Eh! si vous ne me croyez pas, demandez à lui-même. (*appelant d'Harmental*) Chevalier! chevalier!...

SCÈNE V.

LES MÊMES, D'HARMENTAL.

MADAME D'AVERNE. Monsieur de Ravanne, si vous faites une chose pareille... je ne vous pardonne de ma vie.

RAVANNE. Chevalier, voilà une belle dame qui veut savoir...

MADAME D'AVERNE. Mais taisez-vous donc!

D'HARMENTAL, *s'approchant* Qui veut savoir... dis beau masque, que veux-tu savoir?

RAVANNE. L'heure qu'il est... Madame a un rendez-vous à minuit et demi, et je prétends, moi, qu'il est une heure, et que par conséquent, il est inutile qu'elle y aille.

D'HARMENTAL. Je ne vois pas mon ruban violet.

MADAME D'AVERNE. Vous êtes un charmant page, chevalier, eh bien! non, je n'irai pas à mon rendez-vous... mais à une condition.

RAVANNE. Laquelle?

MADAME D'AVERNE. C'est que vous viendrez après demain souper chez moi, rue des Bons-Enfants, avec le régent et Simiane.

RAVANNE. Ce sera bien de l'honneur, Madame... chevalier, vous m'excuserez, n'est-ce pas? mais on m'enlève. (*Ils sortent*.)

D'HARMENTAL. Allez, chevalier, allez, moi-même j'attends quelqu'un... Ah!...

SCÈNE VI.

D'HARMENTAL, le DOMINO BLEU *à ruban violet*, *puis* LA DUCHESSE.

D'HARMENTAL. Est-ce moi que tu cherches, beau masque?

LE DOMINO BLEU. Parbleu! oui, c'est vous chevalier.

D'HARMENTAL. L'abbé!

LE DOMINO BLEU. A merveille... (*Allant à la porte de gauche.*) Venez, madame la duchesse!

LA DUCHESSE, *se démasquant*. Chevalier.

D'HARMENTAL. Vous, Madame?

LA DUCHESSE. Oui, moi; moi, qui ne veux pas vous laisser jeter dans cette terrible affaire, sans vous demander une dernière fois si vous avez bien réfléchi, sans rendre à vous-même la parole que vous m'avez donnée.

D'HARMENTAL. Dieu me garde, Madame, qu'ayant eu le bonheur d'engager ma vie au service d'une si grande princesse, je sois assez malheureux pour me priver moi-même de ce bonheur, que je n'eusse osé espérer. Non, Madame, prenez au contraire au sérieux tout ce que j'ai offert, mon bras, ma vie, mon épée et là ou Votre Altesse ne craint pas de s'engager, comment hésiterai-je en route?

LA DUCHESSE. Oui, chevalier, il y a de grands noms, il y a des personnages importants, des noms et des personnages qui ne vous sont pas inconnus...

D'HARMENTAL. Je ne demande à votre Altesse aucune confidence.

LA DUCHESSE. Oui, mais, moi, je ne veux pas avoir de secrets pour vous; que dites-vous du marquis de Pompadour, de M. de Malezieux, du comte de Laval, du prince de Cellamare, du cardinal Albéroni, du roi Philippe V? voilà vos complices, chevalier!

D'HARMENTAL. Le roi Philippe V!

LA DUCHESSE. Lisez ces papiers, que vous rendrez à Brigaud; mais encore une fois, réfléchissez bien, l'entreprise est grave, dangereuse, presque impossible.

D'HARMENTAL. Impossible! et pourquoi, Madame? mais rien de plus simple au contraire, surtout avec la vie que mène le régent, que faut-il pour cela, huit ou dix hommes de cœur, une voiture bien fermée et des relais préparés jusqu'à Bayonne, et puisque j'ai l'honneur d'être choisi pour une pareille mission...

LA DUCHESSE. Ainsi chevalier, vous risquez?

D'HARMENTAL. Ma vie, c'est tout ce que je puis risquer, je croyais déjà l'avoir offerte à Votre Altesse et que Votre Altesse l'avait acceptée, m'étais-je trompé, Madame?

LA DUCHESSE. Chevalier, vous êtes un loyal et brave gentilhomme. A demain soir, à Sceaux.

D'HARMENTAL. A demain soir.

(*Il lui baise la main et sort*).

BRIGAUD, *s'approchant*. Eh bien! Madame, que dites-vous du chevalier d'Harmental?

LA DUCHESSE. Je dis, mon cher abbé, que nous pouvons éteindre notre lanterne, car pour cette fois nous avons trouvé un homme.

(*Elle sort avec Brigaud*).

DUBOIS, *à un agent*. Suis ces deux dominos, et que je sache demain le nom de la femme à qui M. le chevalier d'Harmental vient de baiser la main.

Troisième Tableau.

La chambre de d'Harmental.

SCÈNE PREMIÈRE.

BRIGAUD, D'HARMENTAL.

BRIGAUD *entre, va s'asseoir dans un fauteuil, et regarde d'Harmental qui cause avec Bathilde par la fenêtre*. Chevalier!...

D'HARMENTAL, *sans l'entendre, à Bathilde*. Vraiment?

BATHILDE. Pourquoi me dire de pareilles choses si elles ne sont pas vraies?

D'HARMENTAL. Mais si elles le sont.

BRIGAUD. Chevalier!..

D'HARMENTAL. C'est donc pour cela que j'ai vu de la lumière toute la nuit chez vous?

BATHILDE. Vous ne dormiez donc pas non plus, vous?

D'HARMENTAL. Non! j'avais les yeux sur votre fenêtre, comme s'il y avait eu... pauvre fou que je suis! quelque probabilité de la voir s'ouvrir.

BRIGAUD. Chevalier!...

D'HARMENTAL. Ah! c'est vous, cher tuteur, pardon, me voici.

BATHILDE, *apercevant Brigaud*. Ah!

(*Elle quitte la fenêtre.*)

BRIGAUD. Mon Dieu! qu'on a de peine à vous avoir, mon cher pupille, quand vous regardez par cette fenêtre. Voyons, est-ce que vous m'en voulez encore de vous avoir logé ici?

D'HARMENTAL. Mais, non.

BRIGAUD. C'est amusant, n'est-ce pas, de causer ainsi avec ses voisins, et surtout avec ses voisines.

D'HARMENTAL. Ah! l'abbé! l'abbé! n'entrez pas dans mes secrets plus avant que moi-même.

BRIGAUD. Allons donc, un confesseur, mais

c'est un tombeau. Je suis bien aise de voir que vous êtes acclimaté !

D'HARMENTAL. Eh bien ! Brigaud, m'apportez-vous les papiers ?...

BRIGAUD. Quels papiers ?..

D'HARMENTAL. Ceux que je dois faire copier au brave homme en face.

BRIGAUD. Ah ! oui, vous vous ennuyez de causer par la fenêtre, je comprends.

D'HARMENTAL. Brigaud, Brigaud !...

BRIGAUD. Non ! l'on a changé d'avis.

D'HARMENTAL. Comment, l'on a changé d'avis, on ne fait plus copier les papiers ?...

BRIGAUD. Si fait, mais on veut voir le copiste, l'interroger, juger de son degré d'intelligence. Il n'aura qu'à se présenter rue du Bac, au coin de la rue de Grenelle, chez le prince de Listhnay.

D'HARMENTAL, *à part*. Bon ! chez le prince de Listhnay, au coin de la rue du Bac et de la rue de Grenelle.

BRIGAUD, *bas*. Il retient l'adresse.

D'HARMENTAL. Est-ce tout, l'abbé ?

BRIGAUD. Peste ! comme vous êtes pressé de me voir en aller, chevalier !

D'HARMENTAL. Eh non ! pas du tout. Je vous trouve charmant, au contraire. (*Lui montrant une table toute dressée.*) Mais, vous voyez ?...

BRIGAUD. Comment, vous donnez à déjeûner dans votre position, libertin.

D'HARMENTAL. C'est pour le bien de la cause.

BRIGAUD. Ah ! c'est autre chose.

D'HARMENTAL. Donc ! si vous avez quelque nouvelle à m'annoncer...

BRIGAUD. Il faut que je me hâte, n'est-ce pas ?

D'HARMENTAL. A moins que vous ne vouliez déjeûner avec nous ?

BRIGAUD. Non, merci ! Eh bien ! voilà ma nouvelle : madame d'Averne a déménagé.

D'HARMENTAL. Qu'est-ce que cela me fait, à moi ?

BRIGAUD. Bon ! toujours dans les extrêmes. Vous vous en occupiez trop il y a huit jours, vous ne vous en occupez pas assez aujourd'hui. Oui, elle a déménagé, elle demeure rue des Bons-Enfants.

D'HARMENTAL. Très bien !

BRIGAUD Dans une maison qui appartient au prince.

D'HARMENTAL. A merveille !

BRIGAUD. De sorte que demain on pend la crémaillère, on soupe !

D'HARMENTAL. L'abbé, l'abbé ! vous avez une manière d'aller au fait !...

BRIGAUD. Que voulez-vous, c'est la mienne ! Or, savez-vous qui soupe chez madame d'Averne ?

D'HARMENTAL. Cela m'est bien égal.

BRIGAUD. Et vous avez tort. Cela ne doit pas vous être égal. Ceux qui soupent chez madame d'Averne, c'est Simiane, Ravanne et le régent.

D'HARMENTAL. Eh bien ?...

BRIGAUD. Eh bien ! ce soir, avant d'aller chez madame du Maine, je viendrai vous chercher pour faire un tour rue des Bons-Enfants, les localités parleront pour moi.

D'HARMENTAL. Ah ! je comprends ! si près du Palais-Royal, le régent ira à pied. L'hôtel qu'habite madame d'Averne a son entrée rue des Bons-Enfants. Après une certaine heure, on ferme le passage du Palais-Royal, il est donc obligé pour rentrer de tourner par la cour des Fontaines ou par la rue Neuve-des-Bons-Enfants, et alors nous le tenons. Mordieu ! l'abbé, vous êtes un grand homme, et comme le disait M. Boniface, si madame du Maine ne vous fait qu'archevêque, il n'y a pas de justice.

ROQUEFINETTE, *dans l'escalier.*

Belle Ariane, je vous prie,
Prêtez-moi votre peloton,
Ton, ton, ton, ton, tontaine, ton, ton.

BRIGAUD. Qu'est-ce que cela ?

D'HARMENTAL. Mon convive.

(*On entend un grand bruit.*)

BRIGAUD. Dites donc ! il me semble qu'il se casse le cou, votre convive ?

D'HARMENTAL. En effet, ça m'en a tout l'air. Par ici, capitaine, par ici !

ROQUEFINETTE, *entrant*. A la bonne heure. C'est que l'échelle de votre pigeonnier est noire en diable. Ah ! pardon, un homme d'église ?

D'HARMENTAL. Mon directeur, capitaine.

ROQUEFINETTE, *bas à d'Harmental.* Vous étiez en train de vous confesser ?

D'HARMENTAL. Justement.

ROQUEFINETTE, *de même*. Recommandez-moi à ses prières.

BRIGAUD, *bas à d'Harmental*. C'est votre capitaine ?

D'HARMENTAL, *bas*. Oui.

BRIGAUD, *de même*. Soignez bien ce gaillard-là !

D'HARMENTAL, *de même*. Soyez tranquille.

BRIGAUD, *en sortant, à Roquefinette, et en se courbant très bas*. Monsieur...

ROQUEFINETTE, *de même* Monsieur...

BRIGAUD, *à d'Harmental*. A ce soir !...

D'HARMENTAL. A ce soir ! (*Brigaud sort.*) Vous êtes homme de parole, capitaine ! mais laissez-moi fermer la fenêtre, il est important que nos voisins ne nous voient pas, et surtout ne nous entendent pas.

ROQUEFINETTE. En ce cas, je suis muet comme une tanche... et puis... et puis, je vois que vous avez pris des mesures pour me fermer la bouche. (*d'Harmental met le verroux.*) Du mystère ! tant mieux... il y a toujours quelque chose à gagner avec les gens qui débutent par dire, chut ! vous tombez bien, je suis le petit-fils d'Harpocrate, dieu du silence.

D'HARMENTAL. c'est à merveille, capitaine, car j'ai à vous dire des choses assez importantes pour réclamer d'avance votre discrétion.

ROQUEFINETTE Elle vous est acquise... tandis que je donnais une leçon au petit Ravanne, je vous ai vu du coin de l'œil manier l'épée en amateur distingué... j'aime les braves! et puis vous m'avez donné un joli cheval de cent louis, comme s'il eut valu trente livres... j'aime les gens généreux, vous êtes deux fois mon homme, pourquoi ne serais-je pas une fois le vôtre?

D'HARMENTAL. Allons! je vois que nous pourrons nous entendre... mais vous m'écouterez mieux assis, et nous ferons bien, si nous nous asseyons, de dîner tout de suite.

ROQUEFINETTE. Vous prêchez comme Saint-Jean bouche d'or... me voilà, commandez la manœuvre et je l'exécute.

D'HARMENTAL. Et goûtez ce vin, tandis que j'attaquerai ce pâté.

ROQUEFINETTE. Bon! une division... nous battrons l'ennemi séparément... (*Il boit.*) Oh! oh! qu'est-ce que je fais-là? indigne que je suis, j'avale du nectar comme si c'était de la piquette, et cela, au commencement d'un repas.. ah! Roquefinette, tu te fais vieux, mon ami.. Il y a dix ans, rien qu'à goûter ce vin... (*Il boit*) tu eusses vu tout de suite que c'est de l'Hermitage de 1702, l'année de la bataille de Friendlenden. Si votre fournisseur en a beaucoup comme celui-là, et qu'il fasse crédit, je lui promets ma pratique.

D'HARMENTAL. Mon fournisseur ne fait pas crédit à mes amis, il donne pour rien.

ROQUEFINETTE. Oh! l'honnête homme. (*Silence.*) Ainsi donc, mon cher chevalier, nous conspirons.

D'HARMENTAL. Eh!...

ROQUEFINETTE. Et pour réussir, à ce qu'il paraît, nous avons besoin de ce pauvre capitaine Roquefinette.

D'HARMENTAL. Qui vous a dit cela?

ROQUEFINETTE. Pardieu! la belle charade à deviner... un homme qui donne des chevaux de cent louis, qui boit à son ordinaire du vin à une pistole la bouteille, et qui loge rue du Temps-Perdu, dans une mansarde; s'il ne conspire pas, que voulez-vous qu'il fasse?

D'HARMENTAL. Eh bien! est-ce qu'une petite conspiration vous effraie?

ROQUEFINETTE. Moi! qui est-ce qui a dit que quelque chose au monde effraie le capitaine Roquefinette?

D'HARMENTAL. Ce n'est pas moi, puisque je vous choisis pour mon second.

ROQUEFINETTE. C'est-à dire que si vous êtes pendu à une potence de vingt pieds de haut, je le serai, moi, à une potence de dix.

D'HARMENTAL. Peste! si l'on commençait par voir les choses sous leur mauvais côté.

ROQUEFINETTE. Parce que j'ai parlé de potence.. eh! cela ne prouve rien.. Qu'est-ce que la potence, pour un philosophe? une des mille manières qu'il y a de sortir de la vie... d'ailleurs, nous donnerons nos parchemins, nous ferons nos preuves, et nous aurons le cou coupé comme M. de Rohan, l'avez-vous vu décapiter?... c'était un beau jeune homme, comme vous... il avait conspiré comme vous... mais la chose manqua, comme manquera peut-être la nôtre.. on lui fit un fort bel échafaud noir, on lui permit de se tourner du côté de la fenêtre où était sa maîtresse, et puis le bourreau... ah! chevalier, c'était un maladroit qui s'y reprit à dix fois avant de lui couper tout-à-fait la tête.. ce pauvre M. de Rohan souffrit mille martyres... Allons, vous êtes un brave, vous n'avez pas sourcillé, touchez-là, je suis votre homme; voyons, contre qui conspirons-nous?.. contre M. d'Orléans, qui ne voit plus que d'un œil... ou contre M. du Maine, qui ne marche plus que d'une jambe... faut-il casser l'autre jambe au boiteux?... ou crever l'autre œil au borgne?

D'HARMENTAL. Rien de tout cela.

ROQUEFINETTE De quoi s'agit-il, alors?

D'HARMENTAL. Avez-vous entendu parler de l'enlèvement du secrétaire du duc de Mantoue?

ROQUEFINETTE. Mathioli!

D'HARMENTAL. Oui!

ROQUEFINETTE. C'est Willebois et Saint-Martin qui ont fait le coup, et ils ont eu chacun trois mille livres... un joli denier.

D'HARMENTAL Ainsi, pour trois mille livres, vous vous seriez chargé de la chose?

ROQUEFINETTE. Oui.

D'HARMENTAL. Mais, si au lieu d'enlever le secrétaire, il eût été question d'enlever le duc lui-même?

ROQUEFINETTE. C'eût été plus cher... voilà tout.

D'HARMENTAL. Mais vous eussiez encore accepté?

ROQUEFINETTE. Pourquoi pas?

D'HARMENTAL. Et à celui qui vous eût donné le double, en vous disant: je m'engage avec vous... comme vous.. je joue avec vous mon avenir et ma tête, à celui-là, qu'eussiez-vous répondu?

ROQUEFINETTE. J'eusse dit : voilà ma main!

D'HARMENTAL. A la santé du régent, alors.. et puisse-t-il arriver sans accident à la frontière d'Espagne, comme Mathioli est arrivé à Pignerol.

ROQUEFINETTE. Ah! ah! et pourquoi pas? le régent est un homme comme un autre... seulement, au lieu d'être décapités ou pendus, nous serons roués... A un autre, je dirais que c'est plus cher... mais pour vous, je n'ai pas deux prix... vous donnerez six mille livres et je vous fournirai douze hommes résolus.

D'HARMENTAL. Voici dix mille livres en or, prenez-les comme un à-compte, si nous réussissons; si nous échouons, chacun tirera de son côté.

ROQUEFINETTE. A quand la chose?

D'HARMENTAL. Je n'en sais rien, mais en venant déjeûner avec moi tous les matins..

ROQUEFINETTE. Non! non! je ne serais pas venu ici trois fois de suite, que M. d'Argenson et M. Dubois nous sauraient tous les deux par cœur... Non, plus d'entrevues, le jour qu'il faudra agir, accrochez-moi ce ruban-là à votre fenêtre... je saurai ce que cela veut dire : je le verrai de la rue Montmartre, où je passe tous les jours, et je monterai.

D'HARMENTAL. Comment! vous partez sans achever la bouteille?

ROQUEFINETTE. Maintenant N I ni, c'est fini, me voilà à l'eau...jusqu'au lendemain du jour où j'aurai vu le ruban rouge à votre fenêtre... Voyez-vous, chevalier, quand Roquefinette est en face d'une bouteille, il boit; quand il a bu, il parle, et si bien qu'on parle, quand on parle trop, on finit toujours par dire une bêtise, adieu... pensez au ruban ponceau... je vais à mes affaires.

D'HARMENTAL. Inutile, capitaine, de vous dire : chut! (*Roquefinette fait un geste et sort.*) Et moi, vite à ma toilette.

ACTE TROISIÈME.

Quatrième Tableau.

CHEZ BUVAT. — Chambre modeste, propre, avec fenêtre au fond, sur le balcon d'où l'on voit la maison en face. — Grand rideau à la fenêtre. — D'un côté de la fenêtre, un miroir; de l'autre, un crucifix.

SCÈNE PREMIÈRE

BATHILDE, NANETTE.

BATHILDE. Nanette, fermez cette fenêtre.

NANETTE Mademoiselle.. vous étoufferez.

BATHILDE Fermez les rideaux alors.

NANETTE. Mademoiselle, ce jeune homme en tombera malade.

BATHILDE Ce jeune homme! ce jeune homme... Ah! Nanette, ne croyez donc pas qu'il y ait ici-bas des cœurs aussi tendres et aussi nobles que vous le dites... Ce jeune homme, enfin, n'en parlons plus.

NANETTE. Pardon, mais c'est qu'il paraît si distingué.

BATHILDE Trop! trop! pour la pauvre Bathilde.

NANETTE. Voyez-le donc! si triste, si désolé à sa fenêtre, c'est à fendre le cœur!

BATHILDE. Eh! que m'importe son air triste à moi, que me fait ce jeune homme, je ne le connais pas... C'est un étranger qui est venu demeurer là pour quelques jours seulement, et qui demain s'en ira.

NANETTE. Mon Dieu! Mademoiselle, puisqu'il faut qu'une femme vienne à aimer un jour ou l'autre, puisque nous y sommes toutes condamnées, autant aimer un beau jeune homme qui a l'air noble comme un roi.

BATHILDE. Eh bien! que dirais-tu si ce jeune homme qui te paraît si noble, si loyal, si bon, n'était qu'un méchant, qu'un traître, qu'un menteur?

NANETTE. Ah! bon Dieu, Mademoiselle, je dirais que c'est impossible.

BATHILDE. Si je te disais qu'hier, quand mademoiselle Delaunay m'est venue chercher pour remplacer à Sceaux, chez madame la duchesse du Maine, mademoiselle Bury qui ne pouvait chanter; si je te disais que ce jeune homme qui habite une mansarde, et se fait passer pour un étudiant, était là, en habit de colonel, donnant le bras à madame la duchesse du Maine, et s'appelait M. le chevalier Raoul d'Harmental.

NANETTE. Mon Dieu!

BATHILDE. Si je te disais qu'à l'instant même où je l'ai vu, reconnu... mes forces m'ont abandonnée, que je me suis évanouie, que j'ai demandé en me réveillant à être conduite à Paris, que depuis ce temps je suis guérie, guérie... de cette sympathie étrange, insensée, que le menteur m'avait inspirée d'abord... et que je suis folle... désespérée, morte au monde, et que je ne veux plus jamais le voir.

NANETTE. Là!... là... s'il est noble, s'il est grand, eh bien! c'est une raison pour qu'il se rapproche de vous...

BATHILDE. Jamais!

NANETTE. Soit... oubliez-le, chassez-le... Mais vous souffrez, vous êtes malade, et le premier remède pour une jeune fille qui souffre, c'est l'air, c'est le soleil... Voyez les pauvres fleurs, quand on les enferme... Laissez-moi ouvrir la fenêtre.

BATHILDE. Je vous le défends... Allez à vos affaires; vous avez un dessin à porter chez M. Papillon. Laissez-moi!

NANETTE. J'obéis, Mademoiselle, j'obéis.

(*Elle sort.*)

BATHILDE, *seule*. Oh! oui, j'oublierai, oui, je le chasserai... lui qui s'est joué perfidement de mon cœur si loyal. . Que dis-je? il ne croit même pas m'avoir offensée .. Il attend un signe, un geste, un remercîment peut-être... Oui, je vais le remercier d'avoir déchiré mon cœur... Ah! je n'ai plus rien qui m'aime, je suis seule au monde, mon Dieu! vous m'avez abandonnée .. Il a fermé sa fenêtre, il ne prend plus même la peine de dissimuler... C'était trop d'honneur que le chevalier d'Harmental faisait à la pauvre Bathilde... Eh bien! j'en mourrai! oui, j'en mourrai! (*Elle tombe assise.*) Qu'est-ce là? oui, à la porte; ah! la pauvre Mirza qui m'appelle... Elle me regrette, oui, Mirza, oui, ma seule amie... (*Elle va ouvrir.*)

SCÈNE II.

BATHILDE, D'HARMENTAL.

BATHILDE! Lui! lui! mon Dieu!

D'HARMENTAL. Moi! est-ce que vous ne m'attendiez pas?

BATHILDE. Oh! Monsieur, que vous m'avez fait souffrir.

D'HARMENTAL. Et moi! moi, qui ai envers vous l'apparence de tous les torts, et qui suis innocent.

BATHILDE. Oh! non! non.

D'HARMENTAL. Ecoutez-moi, vous êtes le grand évènement de ma vie, vous devez passer avant tout ce qu'il y a dans ma vie... écoutez-moi, vous dis-je, et vous ne m'accuserez plus, et vous sécherez vos larmes, et vous me rendrez cette confiance qui faisait doux vos regards, douce votre voix, douce votre amitié, Bathilde! je sais ce que vous allez dire : l'apparence en moi vous a trompée, mais maintenant vous me connaissez, ce que vous avez vu à Sceaux, c'est toute mon histoire. Un duel avec M. de Lafare, le favori du régent, m'a poussé dans l'exil... je me cachai là, dans la mansarde, en face de vous... et de temps en temps, pour respirer cet air sans lequel, il y a huit jours, je n'eusse pas cru pouvoir vivre... de temps en temps j'allais me mêler secrètement au monde, revoir mes amis.. J'ai été chez madame du Maine, vous m'y avez vu... je n'irai plus maintenant: tout mon avenir c'est vous, toute ma vie, tout mon bonheur, c'est vous... l'air qui me fera vivre, c'est celui que vous respirez... pardonnez-moi, je n'ai pas commis une trahison, pas même une tromperie... Bathilde, je n'avais rien à vous dire, rien, sinon que je vous aimais, et vous ne m'aviez pas permis de vous dire, comme je vous le dis en ce moment, je vous aime! je vous aime! je n'aime rien que vous en ce monde... Ah! croyez-moi bien, je n'ai jamais menti.

BATHILDE. Oh! si je croyais!

D'HARMENTAL. Vous n'avez donc rien vu, vous n'avez donc rien deviné... j'étais là, le jour guettant votre moindre geste, aspirant votre parole quand vous parliez, votre chant quand vous chantiez, votre souffle quand vous respiriez. La nuit, alors que vous étiez rentrée chez vous... Quand la lueur de la veilleuse éclairait à peine vos rideaux... j'étais là encore, envoyant ma prière et mon amour à votre ange gardien, pour qu'il jetât mon nom, mon image dans vos rêves... Oh! je vous ai aimée... oh! je vous aime!... croyez-moi, Bathilde, croyez-moi!...

(Il se jette aux genoux de Bathilde.)

BATHILDE. Eh bien! oui, je vous crois.

D'HARMENTAL. Mais vous!... vous, qui n'avez rien su, rien vu, rien pensé, vous qui regardez comme un suprême effort de croire à l'amour; vous, Bathilde, vous n'aimez point.

BATHILDE. Je n'aime pas, non, Raoul, je n'aime pas?

D'HARMENTAL. Ce que votre voix me dit, vos yeux le démentent; et cependant vous êtes un noble cœur, cependant vous ne pouvez avoir une pensée que votre bouche ne traduise... vous êtes la pureté, la candeur, la noblesse, si vous m'aimez, Bathilde, dites-le loyalement, si vous ne m'aimez pas, ayez la générosité de le dire.

BATHILDE. Me connaissez-vous, seulement! vous qui croyez m'aimer!

D'HARMENTAL. Si je vous connais! oh! mais venez devant ce miroir, et regardez ce que dit l'azur de vos yeux... regardez ce que disent votre front et votre bouche!

BATHILDE. Vous savez que je suis orpheline, abandonnée au berceau! Vous savez qu'un ange de bonté! qu'un ange tutélaire m'a prise dans ses bras et sauvé de la misère et de la mort... Vous savez que si je l'appelle mon père, c'est qu'il n'y a pas de nom qui rende fidèlement ce que je ressens pour lui de reconnaissance et d'amour... vous savez enfin, que j'ai vécu pauvre, inerte, ignorée... jusqu'au jour où je suis devenue riche, intelligente, illustre, jusqu'au jour où...

D'HARMENTAL. Par grâce, achevez!

BATHILDE. Jusqu'au jour où je vous ai vu.

D'HARMENTAL. Tenez, ce mot vient d'ouvrir un sillon dans mon cœur... celle qui a prononcé ce mot, doit lire jusqu'au plus profond repli de ma pensée... Merci pour ce noble élan, merci pour cette généreuse franchise... Bathilde, à partir de ce moment, je suis à vous, tout à vous!

BATHILDE. Oh! non, non, Raoul!... une part de vous reste cachée, mystérieuse, inconnue à mes regards; c'est le tourment de ma vie, c'est la crainte de mon avenir.

D'HARMENTAL. Eh bien! oui, vous avez raison, car avant de vous connaître... j'ai fait abandon d'une part de mon libre arbitre... cette portion de moi ne m'appartient plus, elle subit une loi suprême, elle obéit à des évènements imprévus... la main qui tient et guide la mienne, peut me conduire à la plus haute faveur... peut m'entraîner dans la plus profonde disgrâce, Bathilde, dites-moi, êtes-vous disposée à partager la bonne comme la mauvaise fortune... le calme comme la tempête?

BATHILDE. Dieu vous punisse! si vous me trompez! tout avec vous, Raoul. Tout, tout!

D'HARMENTAL. Songez à l'engagement que vous prenez, Bathilde, peut-être est-ce une vie heureuse et brillante qui vous est réservée, peut-être est-ce l'exil, la captivité; peut-être serez-vous veuve avant d'être femme.

BATHILDE, *chancelant.* Oh! mon Dieu! oh!...

D'HARMENTAL. Bathilde!..

BATHILDE. Il me semblait que toutes les promesses étaient renfermées dans les mots que je vous ai dit... vous en voulez de nouvelles, je vous les fais, mais elles étaient inutiles... votre vie sera ma vie, votre mort sera ma mort... l'une et l'autre sont entre les mains de Dieu, sa volonté soit faite!

D'HARMENTAL. Et moi, moi, je jure qu'à compter de ce moment, vous êtes ma femme devant Dieu et devant les hommes, et que si les évènements qui disposeront de ma vie, ne m'ont laissé à vous offrir que mon amour, cet amour est à vous, profond, inaltérable, éternel!

BATHILDE. Merci, merci.

(*Elle lui donne sa main.*)

SCÈNE III.

LES MÊMES, BUVAT.

BATHILDE. Mon père,.. chevalier, que dira-t-il?

BUVAT. Ah! tiens... Monsieur! j'ai bien l'honneur... il me semble que je connais cette figure-là.

D'HARMENTAL. C'est à monsieur Buvat que j'ai l'honneur de parler.

BUVAT. A moi-même, Monsieur, et tout l'honneur est de mon côté... je vous prie de le croire.

D'HARMENTAL. Vous connaissez l'abbé Brigaud?

BUVAT. Parfaitement!... le... la... le... de madame Denis...

D'HARMENTAL. Le directeur.

BUVAT. Un homme de beaucoup d'esprit, Monsieur.

D'HARMENTAL. J'étais en train de dire à Mademoiselle, que M. l'abbé Brigaud cherchait un copiste habile, et m'avait envoyé ici. C'est mon tuteur, Monsieur.

BUVAT. Ah! ah!

D'HARMENTAL. Et il vous a découvert une excellente pratique.

BUVAT. Vraiment! asseyez-vous donc, Monsieur, quelle est cette pratique, s'il vous plaît.

D'HARMENTAL. Le prince de Listhnay .. rue du Bac.

BUVAT. Un prince... un prince... et quel genre de copie, Monsieur.

D'HARMENTAL. Une correspondance, je crois, avec *le Mercure de Madrid... les Nouvelles Parisiennes.*

BUVAT. Une véritable trouvaille, Monsieur; n'est ce pas, Bathilde?

BATHILDE. Mais, oui, petit père.

BUVAT. Merci, merci, Monsieur.

D'HARMENTAL. J'ai peur seulement que ce travail ne vous donne un peu de mal... Il y aura beaucoup de pièces en espagnol. Savez-vous l'espagnol?

BUVAT. Non, Monsieur .. je ne crois pas du moins; mais n'importe, la calligraphie est un art d'imitation comme le dessin... Je copierais du chinois, pourvu que les pleins et les déliés fussent assez bien tracés pour former des lettres.

(*Sans y penser, il s'assied devant d'Harmental; Bathilde lui fait signe; il se lève tout de suite.*)

D'HARMENTAL. Je sais, Monsieur, que vous êtes un grand artiste.

BUVAT. Vous me confusionnez... A quelle heure, sans indiscrétion, trouverai-je Son Altesse?

D'HARMENTAL. Quelle Altesse?

BUVAT. Le prince de....

D'HARMENTAL. Ah! monsieur de Listhnay!... Mais dans une heure, si vous voulez... je vous donnerai une lettre pour lui, à cinq heures, après votre goûter.

BUVAT. J'y serai, Monsieur, j'y serai .. Ce jeune homme est bien aimable; n'est-ce pas, Bathilde?

BATHILDE. Oui, fort aimable!

BUVAT. Vous cherchez quelque chose, Monsieur?

D'HARMENTAL. Non! non! seulement, je croyais avoir entendu parler en face.

BUVAT. En face?

D'HARMENTAL. Oui, dans cette maison-là... vis-à-vis, chez moi.

BUVAT. Vous demeurez là?

D'HARMENTAL. Oui, monsieur Buvat: justement... il y a quelqu'un qui m'attend. (*A part.*) L'abbé! il y a du nouveau.

BUVAT. Dans cette mansarde... Mais c'est M. l'abbé Brigaud.

D'HARMENTAL. Mon tuteur, oui... qui m'avait donné rendez-vous pour savoir le résultat de ma démarche... près de M. Buvat, et qui aura pris ma clé pour monter... J'y vais, mon tuteur... j'y vais.

BRIGAUD, *à la fenêtre en face.* Bien... bien... ne vous pressez pas. Ah! serviteur, Mademoiselle... serviteur, monsieur Buvat.

BUVAT. Votre très humble, monsieur l'abbé ..

D'HARMENTAL. Ainsi donc, à l'honneur de vous revoir; et vous, Mademoiselle, recevez tous mes remercîments pour la bonté que vous avez eue de me tenir compagnie en attendant M. Buvat, bonté de laquelle je vous garderai, je le jure, une reconnaissance éternelle.

BATHILDE. Monsieur!

D'HARMENTAL, *bas.* Adieu, Bathilde.

BATHILDE, *de même.* Adieu, Raoul.

(*D'Harmental sort.*)

BUVAT, *à Brigaud.* Ne vous impatientez pas, monsieur l'abbé.

BRIGAUD. Non, non! cher monsieur Buvat, non.

BUVAT. C'est très drôle!... d'être ainsi en pays de connaissance.. un prince! des copies espagnoles... c'est très drôle. (*Il se frotte les mains.*) Je suis très heureux, moi; et toi, Bathilde?

BATHILDE. Oh! moi aussi, je suis bien heureuse. (*Ils rentrent à droite.*)

Cinquième Tableau.

LA RUE DES BONS-ENFANTS. — A gauche, la maison de madame d'Averne, avec balcon au premier étage. — Terrasse au second. — Il fait nuit.

SCÈNE PREMIÈRE.

RAVANNE, DUBOIS, UN CHANTEUR DES RUES, ROQUEFINETTE, *en charbonnier;* D'HARMENTAL, PORTEURS.

DUBOIS, *en procureur, dans une chaise, à un Porteur.* Eh bien?

PREMIER PORTEUR. J'ai causé avec la femme de chambre; elle attend trois personnes, et il y a festin.

DUBOIS. A quelle heure les attend-elle?

PREMIER PORTEUR. A neuf heures.

DUBOIS. Huit heures et demie. Tâche de me ramasser quelque chanteur et de me l'amener ici; plus il y aura de monde, moins l'on fera attention à nous.

PREMIER PORTEUR. Bon! (*Il s'éloigne.*)

DEUXIÈME PORTEUR, *arrivant.* Me voilà!

DUBOIS. Eh bien?

DEUXIÈME PORTEUR. Le petit Ravanne vient de sortir en éclaireur.

DUBOIS. Comment est-il habillé?

DEUXIÈME PORTEUR. En trompette des mousquetaires.

DUBOIS. Et il vient de ce côté-ci?

DEUXIÈME PORTEUR. Oui; seulement, il a pris le plus long.

DUBOIS. Et les autres?

DEUXIÈME PORTEUR. Vont le suivre probablement.

DUBOIS. C'est bien, assieds-toi sur le brancard.

D'HARMENTAL, *arrivant par le fond.* Personne!... à moins que ce charbonnier avec son sac ne soit un des hommes du capitaine... Essayons le mot d'ordre... (*Chantant*). Vingt-quatre, vingt-quatre, vingt-quatre.

ROQUEFINETTE, (*Chantant*). Vingt-quatre! vingt-quatre! vingt-quatre!

D'HARMENTAL Le diable m'emporte, c'est lui. . Eh bien! capitaine?

ROQUEFINETTE. Vous voyez, solide au poste.

D'HARMENTAL. Et vos hommes?

ROQUEFINETTE. Dispersés aux environs.

D'HARMENTAL. Impossible de deviner?

ROQUEFINETTE. Que dites-vous de votre serviteur?

D'HARMENTAL. Le fait est, capitaine, que sans le mot d'ordre...

ROQUEFINETTE. Et de ce porteur d'eau, par exemple; (*il chante bas*), vingt-quatre, vingt-quatre, vingt-quatre!

LE PORTEUR D'EAU, *traînant son tonneau.* Vingt-quatre! vingt-quatre! vingt-quatre!

D'HARMENTAL. Est-ce qu'il va s'arrêter là?

ROQUEFINETTE N'est-il pas à portée?

D'HARMENTAL. Mais devant un marchand de vin...

ROQUEFINETTE. Raison de plus, un porteur d'eau.

D'HARMENTAL. Et vous n'avez rien remarqué de louche?

ROQUEFINETTE. Rien! que cette chaise-là qui me déplaît.

D'HARMENTAL. Ah! bon, maintenant, voilà un chanteur.

ROQUEFINETTE. Tant mieux! plus il y aura de monde, moins on fera attention à nous.

LE CHANTEUR. (*On s'assemble autour de lui, il chante*).

Ne parlons plus de politique,
Qu'importe à moi,
Qui gouverne la République,
Lorsque je boi!
A-t-on la paix, a-t-on la guerre,
Je n'en sais rien;
Mais j'ai ma bouteille et mon verre,
Tout ira bien.

Que l'on confère la régence,
L'autorité,
Ou que le parlement de France
Soit consulté;
Que l'on élève des indignes
Dans tous états,
Je suis content dès que nos vignes
Ne gèlent pas.

BONIFACE, *qui est entré pendant le premier couplet, au chanteur.* Dites donc, est-ce que vous ne pourriez pas nous chanter autre chose, mon brave homme; c'est connu, cela!

LE CHANTEUR. Moi, je chanterai ce qu'on voudra, pourvu qu'on me paie.

BONIFACE. En voilà un ambitieux! Eh bien! moi, je vous chanterai tout ce que vous voudrez, sans rétribution aucune.

LE CHANTEUR. Vous voulez donc me faire du tort?

BONIFACE. Du tout! du tout! Tenez, faites la quête, et tout ce que vous ramasserez sera pour vous... (*Aux autres.*) Mais surtout, qu'on lui retire son violon. Je vais vous chanter les Dragons de Malplaquet.

Les gros dragons à Malplaquet
Ont seuls rabattu le caquet
D'Eugène,
Ah! disait-il au maréchal:
Que ce dragon sur son cheval
Me gêne?

(*Il imite la trompette du refrain*).

(*Le chœur reprend le refrain à chaque couplet.*)

Les artilleurs, les grenadiers,
N'entameront point les lauriers
d'Eugène.
Le fer, le feu, tout m'est égal,
Mais ce dragon sur son cheval
Me gêne.

(*Refrain*).

(*Le Chanteur lui offre des chansons.*)

Ah! sabre de bois, comme dit papa Buvat, ma poche est percée.

DEUXIÈME PORTEUR, *montrant Ravanne à Dubois*. Le voici!

DUBOIS. Qui?

DEUXIÈME PORTEUR. Le petit chevalier.

DUBOIS. Ah!

RAVANNE, *inquiet*. Oh! oh! voilà bien de la société... Hé! la jolie fille, que nous chante-t-on là... quelque chose qui vaille la peine de s'arrêter? .. Peste, les beaux yeux! (*Inquiet*). Que diable fait là cette chaise?

BONIFACE, *apercevant Brigaud qui entre*. Tiens, mon parrain!

BRIGAUD. Diable!

BONIFACE. Qu'est-ce que vous faites donc ici, mon parrain?

BRIGAUD. Rien, rien, je passe... petit malheureux, va!

BONIFACE. Oh! mon parrain, donnez-moi donc une pièce de vingt-quatre sous, je lui ferai chanter des horreurs jusqu'à demain.

BRIGAUD. Tiens, et laisse-moi tranquille!

(*Il lui jette vingt-quatre sous qui tombent à terre, et vont rouler vers la chaise de Dubois.*)

BONIFACE. Bon, je ne vous remercie pas! (*A un chiffonnier.*) Prêtez-moi donc votre chandelle, vous, mon brave philosophe.

LE CHIFFONNIER, (*bas*). Vingt-quatre! vingt-quatre! vingt-quatre!

BONIFACE. Eh bien! c'est justement cela que j'ai perdu, une pièce de vingt-quatre sous... (*Il s'approche de la chaise, et met sa lanterne sous le nez de Dubois.*) Tiens, il y a quelqu'un? qu'est-ce que vous faites donc là-dedans, monsieur le procureur?

DUBOIS. Va-t-en, petit drôle!

RAVANNE. Dubois! il nous guette!... attends! attends!

LE CHIFFONNIER, *à Roquefinette*. Dubois dans la chaise.

ROQUEFINETTE. Je vous le disais bien.

D'HARMENTAL. Est-ce pour nous qu'il est là, ou pour le régent?

ROQUEFINETTE. J'ai bien envie de monter au troisième, sous prétexte de porter mon sac de charbon, et de lui jeter une commode ou un secrétaire sur sa chaise.

BONIFACE. Ah! je la tiens... Merci, mon bonhomme, voilà votre lanterne Tiens, où est-il donc? Bon, voilà que j'ai hérité d'une lanterne, moi.

BUVAT, *passant*. Laissez-moi aller... laissez-moi aller jouer...

BONIFACE, *se jetant dans Buvat*. Oh! pardon! (*Levant sa lanterne.*) Tiens, c'est vous, monsieur Buvat?

BUVAT. Ah! monsieur Boniface!... Monsieur Boniface, j'ai bien l'honneur...

BONIFACE. Où allez-vous donc comme cela?

BUVAT. Je vais reporter des copies, monsieur Boniface.

BONIFACE. Loin d'ici?

BUVAT. Barrière des Trois-Sergents.

BONIFACE. Voulez-vous que je vous éclaire?

BUVAT. Merci, monsieur Boniface, merci!

LE CHANTEUR, *à Ravanne*. Mais, Monsieur, si l'on m'arrête.

RAVANNE. Sois donc tranquille, nous serons là... Dites donc, il n'ose pas chanter un noël sur notre grand, notre illustre, notre bien-aimé premier ministre Dubois; il a peur! Est-ce que nous ne sommes pas là pour empêcher qu'il ne lui arrive quelque chose? Tenez, tenez, mon brave homme, voilà un procureur dans sa chaise: consultez-le, et il vous dira que vous ne risquez rien, et que maître Dubois est si généralement, si justement, si abominablement estimé, que...

PREMIER PORTEUR. Je crois que nous sommes reconnus, Monseigneur.

DUBOIS. Serpent de page, va!

RAVANNE. N'est-ce pas, monsieur le procureur, qu'on ne risque rien à chanter?...

AIR: *des Bourgeois de Chartres.*

Plein d'audace et de zèle,
L'ambassadeur Dubois,
En vrai polichinelle,
Aperçut les trois rois.
Le bœuf s'épouvanta, l'âne d'effroi recule,
Quand on eut dit son nom,
Don, don,
Un chacun s'écria,
Là, là,
C'est Dubois, qu'on le brûle.

TOUS.

Quand on eût dit, etc.

(*La chaise sort suivie par le peuple, Boniface les suit.*)

BONIFACE. Oh! c'était donc M. Dubois.. Que je suis content de l'avoir vu!... Eh bien! il est encore plus laid que je ne croyais.

ROQUEFINETTE. Eh bien! quand je vous le disais, chevalier, que ce petit Ravanne est un garçon charmant... voilà qu'il nous a fait place nette.

D'HARMENTAL. Ma foi, oui, ou à peu près.

RAVANNE. Venez, Monseigneur, la place est libre.

LE RÉGENT. Comment, est-ce qu'elle était gardée?

RAVANNE. Imaginez-vous que ce coquin de Dubois était là en procureur, dans une chaise... je l'ai dépisté.

LE RÉGENT. Ah çà! mais ce drôle-là ne se lassera donc pas de m'espionner?

ROQUEFINETTE. Chut! les voilà!

LE RÉGENT Allons, Ravanne, allons!

RAVANNE, *frappant à la porte qui s'ouvre à l'instant*. Vous voyez qu'on ne nous fait pas attendre; à tout seigneur, tout honneur.

(*Ils entrent chez madame d'Averne.*)

ROQUEFINETTE. Les avez-vous vus?

D'HARMENTAL. Parbleu!

ROQUEFINETTE. Quel est le bon des trois?

(*Le Chanteur reparait et accorde son violon.*)

D'HARMENTAL. Le garde française!... Allons, bon, voilà notre chanteur qui recommence! Si nous ne nous débarrassons pas de lui, la rue ne sera jamais libre... Mon ami, je demeure en face, ma femme est malade, et ta musique l'empêche de dormir... Voilà un écu, va-t-en sur la place du Palais-Royal.

LE CHANTEUR. Merci, Monseigneur!

(*Il s'en va.*)

ROQUEFINETTE. Eh bien?

D'HARMENTAL. Il est parti!

ROQUEFINETTE. Bon!

D'HARMENTAL. Maintenant, la chaise de poste?

ROQUEFINETTE. Elle attend au coin de la rue Baillif.

D'HARMENTAL. On a eu le soin d'envelopper les roues et les pieds des chevaux avec des chiffons?

ROQUEFINETTE. Oui!

D'HARMENTAL. Très bien.

ROQUEFINETTE. Dix heures!

D'HARMENTAL. On ferme la grille du lycée.

ROQUEFINETTE. Maintenant, pourvu qu'ils sortent avant le jour.

D'HARMENTAL. S'il était seul, il serait à craindre qu'il restât; mais quand le diable y serait, cette chère madame d'Averne ne les gardera pas tous les trois.

ROQUEFINETTE. Hum! elle peut prêter sa chambre à l'un, et laisser dormir les deux autres sous la table.

D'HARMENTAL. Peste! vous avez raison, capitaine. Toutes vos précautions sont prises?

ROQUEFINETTE. Oui!

D'HARMENTAL. Vos hommes croient qu'il s'agit tout bonnement d'une gageure?

ROQUEFINETTE. Ou ils font semblant de le croire, ce qui revient exactement au même.

D'HARMENTAL. Ainsi, c'est entendu, vous et vos gens sont ivres; vous me poussez, je tombe entre le régent et celui des deux à qui il donne le bras; je l'en sépare; vous vous emparez de lui, vous le bâillonnez, tandis qu'on contient Simiane et Ravanne le pistolet sur la gorge.

ROQUEFINETTE. Mais s'il appelle, s'il se nomme?

D'HARMENTAL. S'il se nomme, vous le tuerez!

ROQUEFINETTE. Peste! tâchons qu'il ne se nomme pas! Comme vous y allez, colonel!... Ah! c'est vrai, j'oubliais que vous faites d'une pierre deux coups.

D'HARMENTAL. Qu'est-ce que cela?

ROQUEFINETTE. Rien, le guet! (*Le guet passe.*) Bon, nous voilà tranquilles, maintenant.

D'HARMENTAL. Chut!

ROQUEFINETTE. Quoi?

D'HARMENTAL. Du nouveau!

ROQUEFINETTE. Le balcon s'éclaire!.. chacun est-il à son poste?

DES VOIX. Oui!.. oui!.. oui!.. oui!..

BUVAT, *revenant.* C'est étonnant, une place où il y avait tant de monde tout-à-l'heure, il n'y a plus personne .. mais plus un chat.. brou!... C'est assez imprudent à un homme seul de sortir à une pareille heure... J'avoue, que, si maintenant je rencontrais M. Boniface et sa lanterne ..

ROQUEFINETTE. Eh bien! mais il ne passera donc pas.

BUVAT. Maintenant, surtout, que j'ai une somme dans ma poche... cette diable de rue des Bons-Enfants, elle est noire comme un four .. on devrait en vérité l'appeler la rue Vide-Gousset, ou la rue Coupe-Gorge.. Oh! oh! il me semble que j'ai vu quelqu'un?

ROQUEFINETTE. Mais mille tonnerres, te décideras-tu?

D'HARMENTAL. Je ne me trompe pas, c'est lui... ne faites pas de mal à cet homme... passez, mon ami, mais passez promptement, et surtout ne regardez pas en arrière.

(*Buvat se sauve.*)

BONIFACE, *revenant avec sa lanterne, et cherchant.* Chiffonnier!... chiffonnier, votre lanterne que je vous rapporte, dire que je ne peux pas remettre la main dessus mon chiffonnier... qu'est-ce que je vais faire de ça, moi, j'ai bien envie de la donner à M. le voyer, pour éclairer la rue des Bons-Enfants, c'est commode tout de même, une lanterne, on voit où l'on marche!..

(*Il trébuche en accrochant la jambe de Roquefinette, il élève sa lanterne depuis les pieds jusqu'à la tête et quand il l'approche de la figure de Roquefinette, celui-ci la souffle. Boniface la laisse tomber et se sauve.*)

ROQUEFINETTE. Il était temps, voici la fenêtre qui s'ouvre.

LE RÉGENT, *de l'intérieur.* Eh bien! Simiane, quel temps fait-il?

SIMIANE. Je crois qu'il neige.

LE RÉGENT. Tu crois qu'il neige.

SIMIANE. Ou qu'il pleut, je n'en sais rien.

RAVANNE. Comment, double brute, tu ne peux pas distinguer ce qui tombe.

SIMIANE. Après cela, je ne suis pas sûr qu'il tombe quelque chose.

RAVANNE. Tu vois bien que c'est blanc, il neige, Monseigneur.

LE RÉGENT. Tu es ivre mort, c'est le clair de lune.

RAVANNE. Moi, ivre mort!... arrivez ici, Monseigneur, venez, venez!

LE RÉGENT. Eh bien! quoi?

RAVANNE. Ah! ivre mort... eh bien! touchez-là, Monseigneur, je vous parie deux cents louis, que tout régent de France que vous êtes, vous ne faites pas ce que je vais faire?

MADAME D'AVERNE. Vous entendez, Monseigneur, c'est une provocation.

LE RÉGENT. Et comme telle, je l'accepte, baronne; va pour deux cents louis, Ravanne.

SIMIANE. Je suis de moitié avec celui des deux qui voudra.

LE RÉGENT. Parie avec la baronne, je ne veux personne dans mon jeu.

RAVANNE. Ni moi, je suis trop sûr de gagner.

SIMIANE. Baronne, cinquante louis contre un baiser.

LA BARONNE. Ah! demandez à Philippe s'il permet que je tienne.

LE RÉGENT. Tenez, c'est un marché d'or, et vous ne pouvez qu'y gagner... Eh bien! y es-tu, Ravanne?

RAVANNE. M'y voilà!... vous me suivez.

LE RÉGENT. Partout! que vas-tu faire?

RAVANNE. Regardez!

LE RÉGENT. Où diable vas-tu?

RAVANNE. Je rentre au Palais-Royal.

LE RÉGENT. Par où?

RAVANNE. Par les toits!

LA BARONNE. Monseigneur, j'espère bien que vous ne le suivrez pas.

LE RÉGENT. Je ne le suivrai pas? Savez-vous que j'ai pour principe, baronne, que tout ce qu'un autre essaiera, je le ferai, moi... qu'il monte à la lune, et le diable me brûle si je n'arrive pas pour frapper à la porte en même temps que lui. Embrasse, Simiane, embrasse, tu as gagné.

LA BARONNE, *à Simiane.* Mais j'espère que vous restez, vous, au moins.

SIMIANE. Le temps de ramasser les enjeux, baronne! (*Il l'embrasse.*) Me voilà, Monseigneur, me voilà!

ROQUEFINETTE. Eh mais! vous voyez ce qu'ils font?

D'HARMENTAL. Ils nous échappent, par Dieu!

SIMIANE. Hein? qu'est-ce que cela?

LA BARONNE. Des hommes dans la rue, quelque embuscade.

LE RÉGENT, *sur la terrasse supérieure.* Vois-tu, double ivrogne, tu vas nous faire prendre par le guet.

RAVANNE. Ce n'est pas le guet, Monseigneur, pas de baïonnettes, pas d'uniformes.

LE RÉGENT. Qu'y a-t-il donc?

RAVANNE. Rien, rien, Monseigneur!

LA BARONNE. Prenez à gauche, Monseigneur.

LE RÉGENT. Eh! eh! qu'est-ce que c'est que cela, Messieurs, un petit complot?

LA BARONNE. Oui, oui, un complot. Prenez la petite porte à gauche, Monseigneur, prenez!

LE RÉGENT. La porte à gauche?

LA BARONNE. Mais certainement; elle conduit au jardin et le jardin donne sur le Palais-Royal...

LE RÉGENT. Serviteur, Messieurs, et bonne nuit; mais, demain matin, gare au lieutenant de police.

D'HARMENTAL, *ajustant le régent.* Je ne sais à quoi tient!

ROQUEFINETTE, *lui écartant la main.* Corbœuf, vous allez nous faire écarteler!

D'HARMENTAL. Oh! une idée, Roquefinette!

ROQUEFINETTE. Colonel, pas de noms propres, s'il vous plaît. Voyons l'idée!

D'HARMENTAL. Enfonçons la grille, et nous arriverons avant eux.

ROQUEFINETTE. Oui, si nous l'enfonçons.

D'HARMENTAL. A moi, mes amis, à moi... Oh! mille démons!

LE RÉGENT, *en dehors.* Bien du plaisir, Messieurs!... Oh! secouez, secouez, la grille est bonne.

SIMIANE. Bonsoir, Messieurs!

RAVANNE. Bonsoir, Messieurs!

D'HARMENTAL. Ils sont rentrés au Palais-Royal.

ROQUEFINETTE. Ils y sont rentrés!... (*Aux hommes.*) Nous avons perdu le pari, mes enfants; mais ce n'est qu'une partie remise, je l'espère... En attendant, voici la moitié de la somme; demain, le reste où vous savez... Bonsoir.

TOUS. Bonsoir! (*Ils partent.*)

ROQUEFINETTE. Eh bien, chevalier?

D'HARMENTAL. Eh bien, capitaine, j'ai bien envie de vous prier d'une chose.

ROQUEFINETTE. De laquelle?

D'HARMENTAL. C'est de me suivre dans quelque carrefour, et de m'y casser la tête d'un coup de pistolet, pour que cette misérable tête soit punie et ne soit pas reconnue.

ROQUEFINETTE. Et pourquoi cela?

D'HARMENTAL. Parce qu'en pareille matière, quand on échoue, on n'est qu'un sot... Que vais-je dire à madame du Maine, maintenant?

ROQUEFINETTE. Comment, c'est de cette bibi gongon-là que vous vous inquiétez? Eh bien, il faut le dire, vous êtes crânement susceptible. Chevalier, écoutez un vieux renard : pour être bon conspirateur, il faut surtout ce que vous avez, du courage... mais il faut encore ce que vous n'avez pas, de la patience!... Mordieu! si j'avais une affaire comme cela à mon compte, je vous réponds que je la mènerais à bien, moi, et si vous voulez me la repasser... un jour, nous causerons de cela.

D'HARMENTAL. Ah! que me conseillez-vous donc?

ROQUEFINETTE. Pardieu! la belle malice, vous retournez vous cacher dans votre mansarde, je vous y rends une visite, vous continuez de me faire part des libéralités de l'Espagne, attendu qu'il m'importe de vivre agréablement et de soutenir mon moral; puis, à la première occasion, nous rappellons les braves gens que nous venons de congédier, et nous prenons une revanche... Mais qu'est-ce que j'aperçois là-bas? les baïonnettes du guet... estimable institution! Je te reconnais bien là, toujours un quart d'heure trop tôt ou trop tard... Voici votre chemin, colonel, et voici le mien.

D'HARMENTAL. Comment, vous...

ROQUEFINETTE. Soyez donc tranquille, ça me connaît. Allons, du calme, et allez-vous-en à petit pas, pour qu'on ne se doute pas que vous devriez courir à toutes jambes, la main sur la hanche, comme cela et en chantant la mère Godichon :

> Tenons bien la campagne,
> La France ne vaut rien,
> Et les doublons d'Espagne
> Sont d'un or très chrétien.

LE GUET. Qui vive!

ROQUEFINETTE, *passant.* Bourgeois!

D'HARMENTAL. Ma revanche!... ma revanche!... Mais en attendant, qui dira à l'Arsenal que j'ai fait mon devoir?

BRIGAUD, *sortant d'une porte.* Moi, chevalier, moi qui ai tout vu... Votre bras, et allons-nous-en!

(*Il l'entraîne, le Guet passe.*)

ACTE QUATRIÈME

Sixième Tableau.

LA BIBLIOTHÈQUE. — Un ou deux bureaux vides. — Un surnuméraire à sa table. — A droite du spectateur, au premier plan, un autre bureau vide surchargé de livres. — Au milieu, une table pour les visiteurs. A gauche une échelle double.

SCÈNE PREMIÈRE.

BONIFACE, *entrant*, LE SURNUMÉRAIRE, *à son bureau.*

BONIFACE. Ah ! bon, en voilà une sévère !

LE SURNUMÉRAIRE. Laquelle ?

BONIFACE. Dix heures, et le père Buvat n'est pas encore arrivé à son bureau... Allons, allons, il se la passe douce, le bonhomme.

LE SURNUMÉRAIRE. En effet, cela doit te paraître extraordinaire, depuis un an que tu es surnuméraire, voilà la première fois que tu arrives avant lui.

BONIFACE. Tiens, il a oublié la clé à son bureau, voilà un homme d'ordre... bon, il la cherchera.

BUVAT *dans la coulisse.*

Laissez-moi aller,
Laissez-moi jouer,
Laissez-moi.... (*Il entre.*)

SCÈNE II.

LES MÊMES, BUVAT, DUCOUDRAY, UN VISITEUR ET UN GARÇON DE BUREAU.

BONIFACE. Ah ! bravo, monsieur Buvat... en voilà une belle heure pour venir à son bureau.

BUVAT Mais il me semble que je n'arrive pas le dernier, et que M. Ducoudray...

BONIFACE. M. Ducoudray est un savant !.. il est correspondant de l'académie de Monaco et de plusieurs autres sociétés littéraires et politiques... cela lui donne des droits que vous n'avez pas monsieur Buvat.

BUVAT. Vous avez raison; monsieur Boniface, du reste, je n'étais pas à mon bureau, c'est vrai ! mais j'étais dans le monument à dix heures moins dix minutes... J'étais à la caisse.

BONIFACE. Et pourquoi à la caisse ?

BUVAT. Mais parce que c'est aujourd'hui le premier du mois, ce me semble.

BONIFACE. Eh bien ! qu'avez-vous à faire avec le premier du mois, papa Buvat ?

BUVAT. Le premier du mois n'est-il pas le jour où l'on paie les appointements.

BONIFACE. Oui, mais depuis cinq ans, on ne les paye plus.

BUVAT. C'est vrai, mais comme on dit toujours que l'on paiera le tout ensemble, à chaque premier du mois, je vais voir si le jour du payement n'est pas arrivé ?

BONIFACE. Curieux, va !

LE SURNUMÉRAIRE. Dites donc, papa Buvat, si cela dure longtemps encore, que ferez vous ?

BUVAT. Comment, que ferai-je ?

BONIFACE. Oui, continuerez-vous de venir ? (*Entrée de Ducoudray*).

BUVAT. Sans doute que je continuerai... le roi pendant vingt ans m'a payé rubis sur l'ongle... Si au bout de vingt ans, le roi est gêné, il a bien le droit de me demander un peu de crédit.

BONIFACE. Vil flatteur, va... et vous, monsieur Ducoudray, resterez-vous ?

DUCOUDRAY. Moi, Monsieur, je me tâte, le prince de Monaco, m'a offert la place de conservateur de sa bibliothèque.

BUVAT. Je vous en fais mon compliment bien sincère, Monsieur; mais où est donc la clé de mon tiroir ?

BONIFACE. Et puis, le père Buvat, il a des ressources inconnues.

BUVAT. Mes ressources inconnues, c'est le travail, monsieur Boniface, mon bureau me laisse du temps, et ce temps je l'emploie à faire des copies.

BONIFACE Pour des procureurs, des épiciers, des poëtes.

BUVAT. Et pour des princes, monsieur Boniface

DUCOUDRAY. Pour des princes.

BUVAT. Oui, et dans ce moment-ci, j'en quitte un... prince

BONIFACE. Un prince !

BUVAT Oui, le prince de.... n'importe.

BONIFACE. Comment, n'importe !

BUVAT. Je ne puis pas me rappeler son nom.

DUCOUDRAY. Un faux prince.

BUVAT, *se levant.* Un faux prince... un homme de cinq pieds huit pouces, qui paie la copie un écu la page.

BONIFACE Dites donc, père Buvat, s'il en reste des copies à faire, j'en demande des copies.

BUVAT Impossible, monsieur Boniface.. c'est de l'espagnol.

DUCOUDRAY. Est-ce que vous savez parler l'Espagnol ?

BUVAT. Non, Monsieur, mais je l'écris.

BONIFACE. Dites-donc, père Buvat, il me semble que vous cherchez quelque chose.

BUVAT. Oui, monsieur Boniface, je cherche la clef du tiroir où sont mes étiquettes.

BONIFACE. Votre clef, il fallait donc le dire.

BUVAT. L'auriez-vous, monsieur Boniface ?

BONIFACE. Non, mais, hier soir, vous l'avez laissée à votre tiroir, et le garçon de bureau l'a mise dans sa poche.

BUVAT. Mille remercîments, monsieur Boniface, je vais la lui demander.

BONIFACE. Eh! vous savez bien qu'il n'est pas encore arrivé... les garçons de bureau ne viennent qu'à onze heures... c'est bon pour les employés de venir à dix.

BUVAT. Alors, pour ne pas perdre mon temps, je m'en vais toujours commencer ma copie pour le prince de... c'est drôle que je ne puisse pas me rappeler son nom... Hum!... (*Commençant d'écrire*) « Confidentielle, pour son Éminence monseigneur Albéroni en personne. » Ah! c'est singulier, est ce que je comprendrais l'Espagnol à présent, il paraît!... « Il faudrait gagner la garnison de Bayonne. Pour fournir à cette dépense, on doit compter sur trois cents mille livres au moins, le premier mois payé exactement. » Il est évident que ce n'est point par la France que ces paiements doivent être faits, puisque la France est si gênée, que depuis... Oh! oh! « Ne pas laisser sortir d'Espagne l'ambassadeur de France... sa tête répondra de la tête des conspirateurs de Paris. (*Avec explosion.*) Sabre de bois! mais c'est une conspiration.

DUCOUDRAY. Vous dites, père Buvat..?

BUVAT. Moi, je ne dis rien.

BONIFACE. Si fait, vous avez parlé de conspiration... Messieurs, une nouvelle, le père Buvat qui conspire.

BUVAT. Ah! monsieur Bonifice, pas de plaisanterie de ce genre-là.

BONIFACE. Eh! c'est pour rire.., pardieu!... Est-il bon, le père Buvat.

BUVAT, *à part*. Une conspiration.

BONIFACE. Est-ce que l'on conspire avec une figure comme celle-là.

BUVAT. Que me voulez-vous, Monsieur?

(*Il met son chapeau sur les papiers, des in-folios sur son chapeau, son encrier sur les in-folios et son mouchoir sur son encrier.*)

BONIFACE, *remettant la clé au tiroir*. Eh! rien! rien!... Oh! est-il étonnant, le père Buvat, il cherche sa clé partout, il demande sa clé à tout le monde, et sa clé est à son tiroir.

BUVAT. C'est ma foi vrai!... ah! voilà qui est étonnant par exemple.

UN GARÇON DE BUREAU. M. le conservateur fait demander si monsieur Buvat s'occupe des étiquettes, il désire que tous les livres soient classés ce soir.

BUVAT. Ils le seront, Monsieur, dites à M. le conservateur qu'ils le seront.

UN VISITEUR, *au garcon de bureau*. Mon ami, pourrait-on avoir les *Mémoires de Sully?*

LE GARÇON DE BUREAU. Les *Mémoires de Sully*, monsieur Buvat?

BUVAT. Première chambre à gauche, premier rayon à droite, quatrième volume à partir de la séparation, relié en basanne, *ex-libris cardinalis Richelieu*.

LE GARÇON DE BUREAU. Venez, Monsieur, vous allez avoir ce que vous demandez.

BUVAT. Et ce petit gueux de Boniface qui me demande si je suis... (*Il prend des volumes.*) Ah! ah! *Conspiration de M. de Cinq-Mars*... Diable!... diable!... j'ai entendu parler de cela... c'était un beau gentilhomme qui était en correspondance avec l'Espagne.. cette maudite Espagne, qu'a-t-elle besoin de se mêler éternellement de nos affaires... « Conspiration de M. de Cinq-Mars, suivie de la relation de sa mort et de celle de M. de Thou, condamné pour non révélation..... » pour non révélation... mais c'est mon cas à moi... sabre de bois, où me suis-je fourré? C'est que la loi est précise... Ainsi, moi, je suis le complice du prince de... n'importe quoi... Eh bien! on lui coupe la tête au prince de... on me la coupe, à moi aussi.. c'est-à-dire, non, non, à moi, on se contente de me faire pendre, attendu que je ne suis pas noble... pendu! pendu! oh! oh! (*Il dénoue sa cravate.*)

BONIFACE. Mais, que diable avez-vous donc, père Buvat, vous défaites votre cravate, est ce qu'elle vous étrangle, par hasard... Eh bien! vous ne vous gênez pas... ôtez votre habit tout de suite; à votre aise, père Buvat, à votre aise.

BUVAT. Pardon, Messieurs; et le cardinal Richelieu qui ne demandait que cinq lignes de la main d'nn homme pour le faire pendre; ils ont de quoi me faire pendre cent fois, et quand je pense que lorsqu'on lira mes étiquettes, et qu'on demandera : « Oh! oh! quel est donc l'employé qui a classé ces volumes... » quelqu'un répondra : « Mais vous savez bien, c'est ce gueux de Buvat qui était de la conspiration du prince de Listhnay... tiens, j'ai retrouvé son nom... je vais l'écrire!... Oui, pour qu'on le saisisse sur moi... voyons, ce n'est pas tout cela. « *Art de plumer la poule sans la faire crier.* » Si j'allais tout déclarer... mais en déclarant tout, je suis un dénonciateur... un dénonciateur, fi donc!

BONIFACE. Mais que diable avez-vous donc, père Buvat, est-ce que vous jouez la pantomime?

BUVAT. Non, monsieur Boniface, non, je m'occupe de classer mes livres, il y en a de fort amusants, et rien que les titres.. tenez, *Procès-verbal de torture de François Affinius Van-den-Enden.*

BONIFACE. Vous trouvez cela un livre amusant, père Buvat, vous êtes donc un cannibale?

BUVAT. Monsieur Ducoudray, vous qui êtes un savant, dites-moi donc pourquoi ce pauvre M. Affinius Van-den Enden a été torturé?

DUCOUDRAY. Parce que l'on a trouvé dans les papiers de M. de Rohan le plan de la conspiration écrit entièrement de sa main.

BUVAT. Miséricorde! le plan était entièrement écrit de sa main.

DUCOUDRAY. Entièrement.

BUVAT. Et on l'a mis à la torture pour cela?

DUCOUDRAY. Il me semble qu'il ne l'avait pas volé... Il avait conspiré contre le roi, crime de haute trahison.

BUVAT. Juste ma position! (*Lisant*,) « A répondu : qu'il était étranger à la conspiration, et que, n'ayant fait qu'en copier les différentes pièces, il ne pouvait en dire davantage; et alors nous lui avons fait appliquer la question des brodequins... » Monsieur Ducoudray, pourrais-je, sans indiscrétion, vous demander ce que c'est que l'instrument de torture appelé brodequins.

DUCOUDRAY. Les brodequins, mon cher monsieur Buvat, ne sont rien autre chose que quatre planches, à peu près pareilles à des douves de tonneaux.

BUVAT. Très bien!...

DUCOUDRAY. On vous met... quand je dis vous, mon cher monsieur Buvat, vous comprenez bien, je dis au coupable... on vous met donc d'abord la jambe droite entre deux planches, puis on assure les planches avec des cordes, puis on en fait autant de la jambe gauche; puis, on rassemble les deux jambes... puis, entre les deux planches du milieu, qui se touchent, on introduit des coins qu'on enfonce à coups de maillet, cinq pour la torture ordinaire, dix pour la torture extraordinaire.

BUVAT. Mais, monsieur Ducoudray, cela doit mettre les jambes dans un état déplorable.

DUCOUDRAY. C'est-à-dire, qu'au sixième coin, Monsieur, il n'en est plus question.

BUVAT, *chancelant*. Jésus! que dites-vous là, Monsieur... (*Lisant.*) « Au premier coin, affirme qu'il a dit la vérité, au cinquième coin, a crié : aie, mon Dieu!... au sixième coin a crié : Je suis mort!... » Ah! (*Il se laisse glisser sur l'échelle.*)

BONIFACE. Mais, que diable faites-vous donc là à rouler de gros yeux effarés, père Buvat?

BUVAT. Moi, rien, Monsieur, je rumine un nouveau mode de classement.

BONIFACE. Un nouveau mode de classement.. mais qu'est-ce donc qu'un perturbateur comme vous... vous voulez donc faire une révolution?

BUVAT. Moi, une révolution!... jamais, au grand jamais! Dieu merci, on connaît mon dévouement à M. le régent, dévouement bien désintéressé, puisque depuis cinq ans... (*D'Harmental entre*). Mon Dieu! mon Dieu! qu'est-ce que je vois... mon brigand, celui qui m'a envoyé chez le prince de...

SCÈNE IV.

LES PRÉCÉDENTS, D'HARMENTAL.

D'HARMENTAL, *entrant, sans voir Buvat qui lui tourne le dos*. Messieurs, auriez-vous la complaisance de me donner, si vous l'avez, la renonciation de Philippe V, roi d'Espagne.

BUVAT. L'Espagne, mais elle me poursuivra donc partout?... voilà mon Cinq-Mars, à moi!

BONIFACE. Tiens! c'est M. Raoul.

D'HARMENTAL. Ah! c'est vous, monsieur Boniface?

BUVAT. Comment! il connaît Boniface... alors, je me trompe, à moins que Boniface ne soit dans la conspiration; mais non, c'est impossible!

D'HARMENTAL. Je ne le vois pas, on m'avait dit cependant qu'il était employé à la Bibliothèque... (*A Ducoudray.*) Monsieur, j'ai eu l'honneur de vous demander...

BONIFACE. Attendez!... attendez!... je vais vous faire donner cela.

BUVAT. Il ne m'a pas vu.

BONIFACE. Dites donc là-haut!... est-ce que vous n'entendez pas qu'on demande la renonciation du roi Philippe V?

BUVAT. Allons! voilà que je suis trahi... Oh! le misérable, il va me voir, me reconnaître, me parler... je suis perdu.

BONIFACE. Monsieur Buvat!

D'HARMENTAL. Buvat, c'est lui!

BONIFACE. Ah çà! père Buvat, est-ce que vous ne voulez pas me répondre?

BUVAT, *à part*. Mais non, sabre de bois! je ne veux pas, mais non.

D'HARMENTAL. Merci, monsieur Boniface, j'ai l'honneur de connaître personnellement M. Buvat, et j'espère qu'il aura la complaisance de me remettre ce que je lui demande... monsieur Buvat!... (*Buvat ne répond pas.*) Monsieur Buvat!

BONIFACE. Oh! le farceur! il fait semblant d'être sourd... Montez, montez, monsieur Raoul.

D'HARMENTAL. *il monte d'un côté de l'échelle, mais à mesure qu'il monte, Buvat monte de l'autre côté en lui tournant le dos, arrivé au dernier échelon, d'Harmental lui touche l'épaule.* Pardon, monsieur Buvat, je voudrais avoir l'honneur de vous dire un mot.

BUVAT. A moi, Monsieur?

D'HARMENTAL. Oui, à vous.

BUVAT. Me voilà perdu, c'est fini... asseyez-vous donc, Monsieur.

D'HARMENTAL. Monsieur Buvat, parmi les papiers espagnols que le prince vous a remis...

BUVAT. Eh bien! Monsieur?

D'HARMENTAL. Il s'est glissé, par erreur, une pièce écrite en français qui pourrait être mal interprétée.

BUVAT. La pièce relative à l'Espagne.

D'HARMENTAL. Vous l'avez lue?

BUVAT. Monsieur, j'ai jeté les yeux dessus, et je vous avoue que je n'ai pas compris...

D'HARMENTAL. Cette pièce n'a aucun rapport avec celles que vous copiez, Monsieur, ainsi...

BUVAT. Monsieur, je suis prêt à vous la rendre, avec toutes les autres, même.

D'HARMENTAL. Non, gardez les pièces espagnoles, et le plus vite possible, rapportez-les chez le prince... ce à quoi je tiens, c'est à ravoir la pièce française.

BUVAT. Reprenez-la, Monsieur, elle est sur mon bureau.

D'HARMENTAL. Comment, vous laissez...

BUVAT. Oh! il n'y a pas de danger... vous allez voir.

LE VISITEUR. Voici les *Mémoires de Sully*, Monsieur, je n'en ai plus besoin.

BUVAT. Monsieur Boniface, ayez la bonté de

les remettre à leur place. (*A d'Harmental en levant l'encrier, les livres et le chapeau*). Vous voyez qu'ils étaient bien cachés, Monsieur.

D'HARMENTAL. Oui, en effet!

BUVAT, *lui remettant les papiers*. Tenez, Monsieur, tenez!

D'HARMENTAL. C'est bien, merci monsieur Buvat.

BUVAT. Merci! je ne t'en dirai pas autant à toi?

BONIFACE. Et la renonciation de Philippe V, monsieur Raoul.

D'HARMENTHAL. Je n'en ai plus besoin, mon jeune ami, au revoir, monsieur Buvat.

BUVAT. Au revoir!.. malheureux! . j'espère bien au contraire, ne te revoir jamais .. (*Il chancelle*). Ah! mon Dieu!

BONIFACE. Qu'avez-vous donc, père Buvat?

BUVAT. Ah! mon cher monsieur Boniface, je sens que je suis bien mal.. mon cher monsieur Boniface, je sens que je m'en vas.

BONIFACE. En effet!

BUVAT. C'est ce maudit procès-verbal de torture de Van-den-Enden, qui m'a brisé les os.

DUCOUDRAY. Voilà ce que c'est que de faire la lecture au lieu de travailler, mais non, M. Buvat veut s'instruire.

BONIFACE Dam! il veut peut-être devenir comme vous, correspondant de l'académie de Monaco .. Eh bien! cela va-t-il mieux, père Buvat?

BUVAT. Oui, car ma résolution est prise, et prise irrévocablement, il ne serait pas juste que je portasse la peine d'un crime que je n'ai pas commis... Je me dois à la société, à ma pupille, à moi même. Monsieur Ducoudray, si M. le conspirateur .. non, si M. le dénonciateur... si M. le conservateur me demande, vous direz que... vous le prierez .. Monsieur Boniface, voulez-vous me donner ma canne, s'il vous plaît, vous direz qu'il a fallu... que je suis sorti .. elle est dans le coin... ah! le coin, cela me rappelle.. Merci .. Vous direz à M. le conservateur... je veux être pendu... c'est-à-dira, non... c'est pour ne pas être pendu.... enfin, vous lui direz ce que vous voudrez...

(*Il roule ses papiers, prend son chapeau, sa canne et sort*).

BONIFACE. Savez-vous où il va?

DUCOUDRAY. Non!

BONIFACE. Eh bien! il va jouer au cochonet.

DUCOUDRAY. Où cela?

BONIFACE. Au Cours-la-Reine ou aux Porcherons, je l'y ai rencontré dimanche.

Septième Tableau.

Une chambre à alcôve au Palais-Royal. — Tables, fauteuils, flambeaux, tout ce qu'il faut pour écrire.

SCÈNE PREMIÈRE.

LE RÉGENT, DUBOIS, *ils entrent par la droite.*

LE RÉGENT. Eh! non, cent fois non!

DUBOIS. Vous avez beau dire, Monseigneur, c'est à Votre Altesse qu'ils en voulaient.

LE RÉGENT. Ils en voulaient à tout le monde... ils étaient ivres.

DUBOIS. Monseigneur, il y a de l'Espagne là-dedans.

LE RÉGENT. Tu es fou!

DUBOIS. Monseigneur, il y a du Philippe V, là-dedans.

LE RÉGENT. Tu es fou!

DUBOIS. Monseigneur, il y a de la duchesse du Maine, là-dedans.

LE RÉGENT. Tu es fou!

DUBOIS, *prenant un rouleau de papier*. Monseigneur...

LE RÉGENT. Bonsoir, l'abbé.

DUBOIS. Dites l'archevêque... Je suis archevêque depuis huit jours.

LE RÉGENT. Que veux-tu?... je ne m'y habituerai jamais...

(*Il sort en chantant, par la gauche.*)

SCÈNE II.

DUBOIS, *seul, puis un huissier.*

DUBOIS. Oui, va, chante!... chantera bien qui chantera le dernier... et une police qui est faite... ma parole d'honneur!... il est vrai que nous ne payons pas nos agents... mais où est le mérite d'être bien servi quand on paie!... qui va là?

L'HUISSIER. Monseigneur, c'est un brave homme qui demande à parler à Votre Grandeur.

DUBOIS. Et que veut-il?

L'HUISSIER Il dit qu'il a une révélation de la plus grande importance à faire à Votre Grandeur.

DUBOIS. Relative à quoi?

L'HUISSIER. Relative à l'Espagne.

DUBOIS. Faites entrer.

L'HUISSIER, *annonçant*. M. Jean Buvat, employé à la Bibliothèque.

SCÈNE III.

DUBOIS, BUVAT.

DUBOIS. Venez... venez ..

BUVAT, *sur la porte*. Vous me faites honneur, Monsieur.

DUBOIS, *à l'huissier* Fermez la porte... et laissez-nous. (*L'huissier sort.*)

DUBOIS. Eh bien! Monsieur, vous avez demandé à me parler... me voilà.

BUVAT. C'est-à-dire, Monsieur, j'ai demandé à parler à Monseigneur l'archevêque de Cambray.

DUBOIS. Eh bien! c'est moi.

BUVAT. Comment, c'est vous, Monseigneur?.. je n'avais pas reconnu Votre Grandeur .. il est vrai que c'est la première fois que j'ai l'honneur de la voir.

DUBOIS. Et vous avez à me faire des révélations sur l'Espagne?...

BUVAT. C'est-à-dire, Monseigneur, voici la chose... mon bureau me laisse du temps, et le temps qu'il me laisse, je l'emploie à faire des copies.

DUBOIS. Oui, je comprends! et l'on vous a donné des copies de choses suspectes: de sorte que ces choses suspectes, vous me les apportez, n'est-ce pas?

BUVAT. Dans ce rouleau, Monseigneur, dans ce rouleau!...

DUBOIS. Eh! donnez donc, mordieu! (*Il l'ouvre.*) Ah! ah! de l'espagnol! la protestation de la noblesse, la liste nominative des officiers qui demandent à entrer au service de l'Espagne.. L'enlèvement de Son Altesse... Le chevalier d'Harmental. . Ah! ah! cette fois nous verrons s'il dira encore .. Asseyez-vous donc, mon cher monsieur Buvat.

BUVAT. Merci, Monsieur, je ne suis pas fatigué.

DUBOIS. Pardon... pardon... je vois vos jambes qui tremblent...

BUVAT. Monsieur, c'est depuis la torture!... mes pauvres jambes ne peuvent plus s'en remettre.

DUBOIS. Comment, la torture! on vous aurait donné la torture, monsieur Buvat?

BUVAT. Non... mais à ce malheureux Urbain Grandier... mais à ce pauvre M. Van-den-Enden... Oh! rien que d'y penser...

DUBOIS. Voyons, laissons là Urbain Grandier et Van-den-Enden... Asseyez-vous, mon cher monsieur Buvat, et causons comme deux bons amis.

BUVAT. Comme deux bons amis... moi... vous... vous à moi... moi... avec... vous... avec...

DUBOIS, *le faisant asseoir.* Mais, corbleu! asseyez-vous donc!

BUVAT, *souriant.* Me voilà.

DUBOIS. Monsieur Buvat, votre place vous rapporte?...

BUVAT. Oh! ma place, c'est autre chose, ma place... elle ne me rapporte rien du tout... vu que, depuis cinq ans, le caissier nous dit à chaque jour de paiement que le roi est trop gêné pour nous payer.

DUBOIS. Et vous n'en restez pas moins au service de Sa Majesté!... C'est très bien, monsieur Buvat, c'est très bien! (*Buvat se lève, salue et se rassied.*) Et peut-être avec cela, avez-vous une femme... des enfants?

BUVAT. Non, Monsieur, non .. jusqu'à présent, je vis dans le célibat.

DUBOIS. Mais des parents, au moins?

BUVAT. Une pupille, Monsieur...

DUBOIS. Ah! ah! monsieur Buvat, je vous y prends... vous avez une pupille!

BUVAT. Oui, Monsieur... j'en ai une.

DUBOIS Et comment s'appelle-t-elle?

BUVAT. Bathilde Durocher.

DUBOIS. Enfin, mon cher Buvat, vous n'êtes pas riche?

BUVAT. Oh! pour cela, riche!... non, Monsieur, non... je ne le suis pas. . mais je voudrais bien l'être!

DUBOIS. Ah! ah!

BUVAT. Oh! pas pour moi, mon Dieu!... pour ma pauvre Bathilde... et si vous pouviez obtenir de M. le régent, que, sur le premier argent qui rentrera dans les coffres de l'État, on me paie mon arriéré, ou au moins un à-compte...

DUBOIS. Et à quoi cela peut-il se monter, votre arriéré?...

BUVAT. Quatre mille huit cent quatre-vingt six livres cinq sous six deniers, aujourd'hui, Monsieur.

DUBOIS. Misère! mon cher monsieur Buvat... j'ai mieux que cela à vous offrir.

BUVAT. Offrez, Monsieur.

DUBOIS. Vous avez une fortune au bout des doigts.

BUVAT. Au bout des doigts.

DUBOIS. Oui!

BUVAT. Monseigneur, je suis tout prêt... Que faut-il que je fasse?

DUBOIS Rien de plus simple... Vous allez, séance tenante, me faire une seconde copie de tout ceci.

BUVAT. Mais, Monseigneur!...

DUBOIS. Ce n'est pas le tout, mon cher monsieur Buvat, vous reporterez à la personne qui vous a donné ces papiers les copies et les originaux. . comme s'il n'était rien arrivé... vous prendrez tout ce que cette personne vous donnera... puis, vous me l'apporterez aussitôt, afin que je lise; puis vous en ferez autant des autres papiers que de ceux-ci... indéfiniment, jusqu'à ce que je dise : Assez!

BUVAT. Mais, Monsieur, il me semble qu'en agissant ainsi, je trompe la confiance du prince.

DUBOIS. Ah! il y a un prince!... et comment se nomme ce prince?

BUVAT. Mais, Monsieur, il me semble qu'en disant son nom, je le dénonce.

DUBOIS. Ah çà! mais qu'êtes-vous donc venu faire ici?... je n'y comprends plus rien

BUVAT. Je suis venu pour prévenir du danger que courait M. le régent, et voilà tout!

DUBOIS Vraiment?... et vous comptez en rester là?

BUVAT. Mais je le désire.

DUBOIS Il n'y a qu'un malheur... C'est chose impossible!

BUVAT. Comment, impossible?...

DUBOIS. Tout bonnement.

BUVAT. Monsieur, je suis un honnête homme!

DUBOIS. Monsieur... vous êtes un niais!

BUVAT. Mais je voudrais pourtant bien me taire.

DUBOIS. C'est fâcheux... car vous parlerez.

BUVAT Mais, si je parle, je suis le dénonciateur du prince.

DUBOIS Mais si vous ne parlez pas... vous êtes son complice.

BUVAT. Complice, moi!... et de quel crime?

DUBOIS Eh! mon Dieu, du crime de haute trahison, rien que cela!.. Ah! il y a longtemps que la police a les yeux sur vous, monsieur Buvat.

BUVAT. Les yeux sur moi!

DUBOIS. Oui, sur vous! sous prétexte qu'on ne vous paie pas vos appointements, vous tenez des propos fort séditieux contre l'État.

BUVAT. Ah! monseigneur!... peut-on dire..

DUBOIS. Sous prétexte qu'on ne vous paie pas vos appointements, vous faites des copies d'actes incendiaires.

BUVAT. Mais, monsieur... je ne sais pas l'espagnol, moi.

DUBOIS. Vous le savez... et la preuve... osez dire que vous ne comprenez pas ceci... « Rien n'est plus important que de s'assurer des places voisines des Pyrénées et des seigneurs qui font leur résidence dans ces cantons. » Entendez-vous l'espagnol, maintenant?

BUVAT. Mais enfin...

DUBOIS. Monsieur Buvat, on en a envoyé aux galères qui le méritaient moins que vous!

BUVAT. Monsieur...

DUBOIS. Monsieur Buvat, on en a pendu qui étaient moins coupables que vous ne l'êtes.

BUVAT. Monsieur... Monsieur...

DUBOIS. Monsieur Buvat, on en a écartelé!...

BUVAT. Grâce, Monsieur, grâce...

DUBOIS. Grâce à un criminel comme vous, monsieur Buvat! je vais vous faire mettre à la Bastille, et envoyer mademoiselle Bathilde à Saint-Lazare.

BUVAT. A Saint-Lazare!.. Bathilde à Saint-Lazare!... et qui a ce droit là, Monsieur?

DUBOIS. Moi!

BUVAT. Non, Monsieur... Bathilde n'est pas une fille du peuple, entendez-vous!.. Bathilde est une demoiselle de noblesse... Bathilde est la fille d'un homme qui a sauvé la vie au régent... Oui, Monsieur, oui!.. vous pouvez me faire mettre à la Bastille... Vous pouvez me faire pendre... vous pouvez me faire écarteler.. Mais vous ne pouvez pas faire mettre Bathilde à Saint-Lazare!

DUBOIS. Ah! je ne le puis pas?...

BUVAT. Non!

DUBOIS. Vous allez voir... (*Il sonne*).

BUVAT. Que faites-vous?

DUBOIS. Attendez. (*Un huissier entre*). Un exempt et un fiacre.

BUVAT. Monsieur... je ferai tout ce que vous voudrez, mais...

DUBOIS. Mais quoi?

BUVAT. Mais Bathilde n'ira point à Saint-Lazare.

DUBOIS, *à l'huisser*. Faites ce que j'ai ordonné.

BUVAT, *joignant les mains*. Monsieur, j'obéirai... mais...

DUBOIS. Mais quoi?

BUVAT, *à genoux*. Mais Bathilde n'ira point à Saint-Lazare.

DUBOIS. Pendu... pendu... pendu...

L'HUISSIER, *rentrant*. Monsieur le fiacre est à la porte, et l'exempt dans l'antichambre.

BUVAT. Monsieur, par grâce... par pitié...

DUBOIS. Ah! vous ne voulez pas me dire le nom du prince.

BUVAT. C'est le prince de Listhnay...

DUBOIS. Ah! vous ne voulez pas me dire l'adresse du prince.

BUVAT. Il demeure rue du Bac, Monseigneur.

DUBOIS. Ah! vous ne voulez pas me faire une copie de tous ces papiers...

BUVAT, *se relevant, les prenant et se précipitant à la table à gauche* Je m'y mets, Monseigneur... Tenez, j'ai déjà tiré la majuscule... Bathilde à Saint-Lazare!... sabre de bois!

DUBOIS. Alors, vous ferez tout ce que je voudrai?

BUVAT. Tout!

DUBOIS. Sans en souffler le mot à personne?

BUVAT. Je serai muet.

DUBOIS. Pas même à mademoiselle Bathilde?

BUVAT. Oh! à elle moins qu'à personne! pauvre enfant.

DUBOIS. C'est bien... à cette condition, je vous pardonne, j'oublierai votre faute, et même peut-être irai-je jusqu'à vous récompenser.

BUVAT. Ah! Monseigneur... tant de magnanimité...

DUBOIS. Que dites-vous de cette chambre, monsieur Buvat.

BUVAT, *regardant autour de lui*. Eh! eh! Monsieur, je la trouve agréable.

DUBOIS. Tant mieux! et je suis fort aise qu'elle soit de votre goût; car cette chambre... c'est la vôtre.

BUVAT. La mienne?...

DUBOIS. Eh bien! oui, la vôtre... qu'y a-t-il d'étonnant à ce que je désire avoir sous la main... un homme aussi important que vous?

BUVAT. Mais je vais donc demeurer au Palais-Royal? moi.

DUBOIS Oui, momentanément, du moins.

BUVAT. Alors, laissez-moi prévenir Bathilde.

DUBOIS. Justement! je vous l'ai dit, il faut que mademoiselle Bathilde ne soit pas prévenue.

BUVAT. Monseigneur, vous permettrez au moins que la première fois que je sortirai...

DUBOIS. Vous ne sortirez plus.

BUVAT. Comment! je ne sortirai plus, mais je suis donc prisonnier?

DUBOIS. Prisonnier d'État, au revoir, monsieur Buvat, je vais donner des ordres pour que rien ne vous manque.

BUVAT. Ainsi, me voilà sous les verroux, me voilà sous les barreaux?

DUBOIS. Et où diable voyez-vous des verroux? où diable voyez-vous des barreaux? la porte ferme à un seul loquet, et n'a pas même de serrure; quant à la fenêtre, elle donne sur le jardin du Palais-Royal, et pas le moindre petit grillage ne vous en intercepte la vue, une vue superbe, vous serez ici comme le roi de France, lui-même; adieu, mon cher monsieur Buvat, à la besogne.

BUVAT. M'y voilà, Monseigneur, m'y voilà!

DUBOIS N'oubliez pas les adresses du chevalier d'Harmental et du prince de Listhnay. Surtout... de votre plus belle écriture. (*A part, en sortant, tandis que Buvat écrit.*) Le brave homme ne se doute pas qu'il expédie mon bref de cardinal.

(*Il sort par la porte du fond à côté de l'alcôve.*)

SCÈNE IV.

BUVAT, *seul.*

Oh! ma petite chambre, oh! ma terrasse, Bathilde, pauvre Bathilde, si elle savait ce que cet affreux homme noir méditait contre elle... mais il n'y a pas de grille, dit-il? il n'y a pas de verroux, dit-il? je ne suis pas prisonnier, dit-il? si je ne suis pas prisonnier, je puis donc sortir.

(*Il prend sa canne et son chapeau sur la table à droite, et ouvre la porte du fond.*)

UNE SENTINELLE. On ne passe pas!

BUVAT, *rentrant à reculons. à la sentinelle.* Pardon de vous avoir dérangé. Il appelle cela ne pas être prisonnier, le monstre... je voudrais bien le voir à ma place... menacé comme je le suis de mille dangers inconnus... n'osant marcher de peur de voir le plancher s'ouvrir sous ses pieds.. craignant à chaque instant que quelque porte ne se démasque pour donner passage à des assassins... (*Regardant à sa montre.*) Il est tard... voici ma chambre... dit-il? si je me mettais au lit, oui, mais ce lit qui a bien l'apparence d'un lit, est-il naturel ou artificiel! .. J'ai entendu dire qu'il y avait des lits, dont le baldaquin s'affaissait et étouffait le dormeur. J'ai entendu dire aussi qu'il y en avait d'autres qui s'enfonçaient d'eux-mêmes par une trappe; mais si doucement, si doucement... qu'on ne pouvait s'en apercevoir, au point qu'on se retrouvait le lendemain à la même place, comme si rien ne s'était dérangé, seulement on était mort. Voyons si on ne m'a pas tendu quelqu'embûche, voyons s'il n'y a pas des assassins dans les armoires. (*Il prend le flambeau sur la table à gauche.*) Sous ce lit... c'est sous le lit qu'ils se cachent toujours, ces assassins... de sorte qu'on est sûr de les trouver là. (*Il s'agenouille avec hésitation ; enfin, approche à quatre pattes, fourre sa tête sous le lit, en ce moment la porte s'ouvre, Buvat demeure immobile et la tête sous son lit.*) Ah! mon Dieu...

SCÈNE V.

BUVAT, LE RÉGENT, *entrant en cherchant inutilement Buvat.*

LE RÉGENT. Ah! çà, mais où est-il donc?

BUVAT Je crois entendre des pas humains.

LE RÉGENT. Ah! ah! je découvre une portion de son individu... que cherchez-vous donc là-dessous, Monsieur.

BUVAT, *se retirant.* Je cherchais, Monsieur, je cherchais mon bonnet de nuit.

LE RÉGENT. Vous êtes M. Jean Buvat?

BUVAT. Oui, Monsieur, pour vous servir, si j'en étais capable

LE RÉGENT. Mon ami, je viens d'apprendre les services que vous avez rendus à l'État.

BUVAT. Moi, Monsieur?

LE RÉGENT. Oui! vous!

BUVAT. Quand cela?

LE RÉGENT. Aujourd'hui même.

BUVAT. Ah! j'ai donc décidément rendu un service.

LE RÉGENT. Comment, si vous avez rendu un service, mais mon ami, vous avez sauvé la France.

BUVAT. Moi, j'ai sauvé la France?

LE RÉGENT. Ah! mon Dieu! oui, tout bonnement.

BUVAT. Tiens... tiens... tiens .. j'ai sauvé la France, vous en êtes sûr?

LE RÉGENT Tellement sûr que si vous avez par hasard quelque chose à demander au régent...

BUVAT. Eh bien?

LE RÉGENT. Eh bien! je me charge de lui transmettre votre demande.

BUVAT Et vous croyez qu'il y fera droit?

LE RÉGENT. Je n'en doute pas, mon ami.

BUVAT. Mon cher ami, puisque vous avez la bonté de vous offrir pour être l'interprète de mes sentiments près de Son Altesse Royale, dites-lui que quand elle sera moins gênée... je la prie, si cela ne la prive pas trop... de me faire payer mon arriéré.

LE RÉGENT. Ah! ah! et à combien se monte-t-il votre arriéré?

BUVAT. A cinq mille deux cents et quelques livres, à part les fractions de sous et de deniers.

LE RÉGENT. Et vous désireriez être payé?

BUVAT. Je ne vous cache pas, Monsieur, que cela me ferait grand plaisir.

LE RÉGENT. Voilà tout ce que vous demandez?

BUVAT. Absolument tout... oui, mon ami! ah! pardon! je réclamerais bien encore le droit de faire dire à ma pupille Bathilde, qui doit être fort inquiète de mon absence, qu'elle se tranquillise, et que je suis prisonnier au Palais-Royal.

LE RÉGENT. Mais pourquoi n'avez-vous pas fait plus tôt cette demande.

BUVAT. Je l'ai faite, mon ami!

LE RÉGENT. A qui?

BUVAT. A monseigneur l'archevèque de Cambray; il m'a refusé.

LE RÉGENT. Il vous a refusé de vous laisser écrire à votre pupille, de la laisser venir ici?

BUVAT. Ah! quant à cela, je me serais bien gardé de le lui demander... Imaginez-vous qu'il m'a menacé d'envoyer Bathilde à Saint-Lazare.

LE RÉGENT. Et à quel propos cela?

BUVAT. Parce que j'aurais bien voulu lui dire de prévenir M le régent que l'on conspirait contre lui. . attendu que je vénère, que j'honore monsieur le régent, mais que je n'aurais pas voulu lui dire le nom de ceux qui conspiraient.

LE RÉGENT. Et pourquoi cela?

BUVAT Parce qu'il me semble que depuis que j'ai dit à monseigneur l'archevêque le nom de tous ces gens-là. . Je suis un dénonciateur.

LE RÉGENT. Non, mon ami... vous êtes un brave homme... et pour en revenir à votre pupille...

BUVAT. Vous permettez que je lui fasse passer de mes nouvelles.

LE RÉGENT. Je fais mieux que cela, Monsieur. . je vous autorise à lui en donner vous-même.

BUVAT. Comment, je ne suis plus prisonnier?

LE RÉGENT. Non.

BUVAT. Je puis sortir?

LE RÉGENT. Quand vous voudrez.

BUVAT, *prenant son chapeau et sa canne.* Monsieur, j'ai bien l'honneur de vous présenter mes hommages.

LE RÉGENT. Pardon, monsieur Buvat, encore un mot.

BUVAT. Deux, mon ami!

LE RÉGENT. Je vous répète que la France a envers vous des obligations qu'il faut qu'elle acquitte... Écrivez donc au régent, faites-lui le relevé de ce qui vous était dû... Exposez-lui votre situation, et si vous désirez particulièrement quelque chose, dites hardiment votre désir, je suis garant qu'il fera droit à votre requête.

BUVAT. Vous êtes trop bon, je n'y manquerai pas. Aujourd'hui même, ma pétition sera adressée au régent.

LE RÉGENT. Et demain vous serez payé. Allez, monsieur Buvat.

BUVAT. Ah! mon ami, que de bontés! (*Il revient.*) Ah! pardon, sans indiscrétion, comment vous appelez-vous, s'il vous plaît? Votre nom, je voudrais le classer dans ma mémoire.

LE RÉGENT. Eh bien, je m'appelle M. Philippe.

BUVAT. A l'honneur de vous revoir, monsieur Philippe; enchanté d'avoir fait votre connaissance. (*Il va pour sortir, la sentinelle qui est à la porte en dehors crie :*) On ne passe pas!

LE RÉGENT. Si fait! si fait! laissez passer!

(*Buvat sort.*)

SCÈNE VI

LE RÉGENT, *seul.*

Eh bien! que Dubois vienne encore dire que les hommes sont naturellement mauvais... En voilà un à la nature duquel, bien certainement, l'éducation n'a rien changé... Et Dieu merci... voyons. au cas où il n'écrirait pas, ou au cas où sa lettre n'arriverait pas jusqu'à moi. (*Il prend une note sur un calepin.*) Jean Buvat... employé à la Bibliothèque.

SCÈNE VII.

LE RÉGENT, DUBOIS.

DUBOIS, *sans voir le régent.* Eh bien! monsieur l'écrivain?...

LE RÉGENT. Ah! c'est toi, Dubois?

DUBOIS. Monseigneur... vous ici?

LE RÉGENT. N'as-tu pas de honte!

DUBOIS. Et de quoi?

LE RÉGENT. De retenir prisonnier ici un brave homme, auquel nous devons cinq années d'appointements .. Voilà donc comme tu paies les dettes de l'Etat, Marouffle!

DUBOIS. Eh bien! où est-il?

LE RÉGENT. Parbleu! où il est! il est chez lui.

DUBOIS Vous l'avez renvoyé?...

LE RÉGENT. Certainement.

DUBOIS. Et vous lui avez rendu ses papiers?

LE RÉGENT. Quels papiers?

DUBOIS. Et mordieu! ceux qu'il m'avait apportés. Non, non, les voilà.

LE RÉGENT. Eh qu'en veux-tu faire de ces papiers?

DUBOIS Lisez, Monseigneur.

LE RÉGENT, *jetant les yeux sur le papier que lui présente Dubois.* Qu'est-ce que c'est que cela? Liste nominative des officiers qui demandent du service au roi d'Espagne... Protestation de la noblesse. S'assurer des places fortes voisines des Pyrénées. . gagner la garnison de Bayonne, livrer nos villes, mettre aux mains de l'Espagnol les clés de la France... Qui veut faire cela, Dubois?

DUBOIS. Oh! de la patience, Monseigneur, nous avons mieux que cela à vous offrir... Tenez, voici des lettres de Sa Majesté Philippe V en personne.

LE RÉGENT. Philippe V est roi d'Espagne et non pas roi de France, qu'il n'intervertisse pas les rôles. J'ai déjà franchi une fois les Pyrénées, pour le rasseoir sur le trône d'Espagne, je pourrais bien les franchir une seconde fois pour le renverser.

DUBOIS. Nous y songerons plus tard, je ne dis pas non... mais pour le moment nous avons une autre pièce à lire.

LE RÉGENT *ouvre avec impatience et déchire le papier.* Allons donc!

(*Il le jette à terre.*)

DUBOIS, *le ramassant* Cela ne fait rien. la satire est mauvaise; mais les morceaux en sont bons. Lisez, Monseigneur.

LE RÉGENT. Des vers!

DUBOIS. Oui, de M. Lagrange-Chancel... l'ancien maître des cérémonies de la princesse votre mère. Lisez, Monseigneur, lisez.

LE RÉGENT Oh!

DUBOIS. Oh! je sais que la médecine est amère! mais il faut l'avaler.

LE RÉGENT, *lisant.*

Nocher des ondes infernales
Prépare-toi sans t'effrayer,
A passer les ombres royales
Que Philippe va t'envoyer.
A peine ouvrit-il les paupières,
Que tel qu'il se montre aujourd'hui,
Il fut indigné des barrières
Qu'il voit entre le trône et lui.
Dans ces détestables idées,
De l'art des Circé, des Médées
Il fit ses uniques plaisirs.

DUBOIS. Cela vous apprendra à vous occuper de chimie, Monseigneur.

LE RÉGENT, *continuant.*

Croyant cette voie infernale
Digne de remplir l'intervalle
Qui s'opposait à ses desirs...

Tiens...

DUBOIS. Oh! Monseigneur, vous laissez ce qu'il y a de mieux?

LE RÉGENT.

Ainsi les fils pleurant leur père

DUBOIS. Le grand dauphin.

LE RÉGENT.

Tombent frappés des mêmes coups,
Le frère est suivi par le frère,

DUBOIS. Monseigneur le duc de Bourgogne et monseigneur le duc de Berry.

LE RÉGENT.

L'épouse devance l'époux!

DUBOIS. Madame la duchesse de Bourgogne.

LE RÉGENT, *profondément ému.*

Mais, ô coups toujours plus funestes!
Sur deux fils nos uniques restes,
La faulx de la parque s'étend :
Le premier a rejoint sa race,

DUBOIS. Le duc de Bretagne.

LE RÉGENT, *avec des larmes dans la voix.*

L'autre, dont la couleur s'efface,
Penche vers son dernier instant...

DUBOIS. Louis XV...

LE RÉGENT, *sanglottant.* Oh! oh!

DUBOIS. Monseigneur .. je voudrais que le monde entier fût là pour voir couler ces deux larmes .. et je ne vous donnerais plus le conseil de vous venger de vos ennemis... car le monde entier serait persuadé de votre innocence.

LE RÉGENT. Oui, mon innocence, oui... et la vie de Louis XV en fera foi... les infâmes! Oh! ils savent mieux que personne quels sont les véritables coupables. Ah! madame de Maintenon... ah! madame du Maine, car ce misérable Lagrange-Chancel, n'est que leur scorpion... et quand je pense que je les tiens sous mes pieds... que je n'ai qu'à appuyer le talon et que je les écrase,

DUBOIS. Ecrasez, Monseigneur... écrasez....

LE RÉGENT. Voyons, que veux-tu, Dubois?

DUBOIS. Je veux, Monseigneur... un ordre d'arrêter tous ces gens-là?

LE RÉGENT. Oui, tous .. voilà l'ordre... quant à Lagrange Chancel.....

DUBOIS. Eh bien?

LE RÉGENT. Celui-là, comme il n'a attaqué que moi, je me le réserve.

DUBOIS. Pour l'envoyer passer le reste de ses jours à la Bastille, j'espère bien.

LE RÉGENT. Non.... pour lui pardonner... adieu Dubois. (*Il sort.*)

SCÈNE VIII.

DUBOIS, *puis* UN HUISSIER.

Je tenais moins à Lagrange-Chancel qu'aux autres. (*Appelant.*) Holà! quelqu'un.

UN HUISSIER, *entrant.* Me voici, Monseigneur.

DUBOIS. Ordre d'arrêter les personnes dont les noms sont portés sur cette liste.

L'HUISSIER, *lisant.* M. le duc et madame la duchesse du Maine... M. le prince de Cellamare, M. le duc de Richelieu, M. le chevalier d'Harmental.

DUBOIS. Allez, allez, Monsieur, vous lirez cela en route, la liste est longue, et avant demain matin, songez-y, toutes ces arrestations doivent être faites.

L'HUISSIER, *s'inclinant.* Elles le seront Monseigneur.

ACTE CINQUIÈME.

Huitième Tableau.

Les deux balcons. — (*Décor du premier tableau.*)

SCÈNE PREMIÈRE.

BATHILDE, D'HARMENTAL.

D'HARMENTAL, *à son balcon.* Mon Dieu, Bathilde, ne vous désolez pas ainsi, si votre tuteur n'est pas revenu...

BATHILDE, *à son balcon.* Songez donc, Raoul... pas revenu!... lui qui jamais n'a manqué l'heure!... toute la nuit dehors, et pas de nouvelles!... il lui est arrivé malheur, vous dis-je!

D'HARMENTAL. C'est étrange, en effet! mais ne croyez pas cela, Bathilde... il aura été retenu chez le prince de Lysthnay, pour des copies pressées.

BATHILDE. J'y ai pensé... mais on lui aurait donné le temps d'écrire, d'envoyer un messager ici... je meurs d'inquiétude!

D'HARMENTAL. Vous avez envoyé chez le prince?

BATHILDE. Cent fois... on n'a rien voulu répondre.

D'HARMENTAL. Vous voyez bien!

BATHILDE. Mais à vous... à vous, on répondra... Envoyez, Raoul... envoyez, je vous prie.

D'HARMENTAL. J'irai moi-même... un peu plu tard... j'attends ce matin un ami... j'ai un rendez-vous d'affaires... mais, par grâce, ne vous tourmentez pas... regardez-moi, serais-je aussi calme, si vous étiez menacée d'un malheur?

BATHILDE. voilà bien ce qui m'alarme, Raoul.. je ne vous trouve pas l'air calme dont vous parlez.

D'HARMENTAL. A moi!

BATHILDE. Non... je vous observais ce matin... vous êtes pâle, vous êtes inquiet... vous n'avez pas dormi de la nuit... vous vous êtes promené dans votre chambre comme un homme dévoré de soucis.

D'HARMENTAL. Je vous assure...

BATHILDE. Oh! je vous connais bien!... oh! je sais bien comment vous êtes, dans les bons jours... quand votre esprit n'est pas troublé... quand vous ne pensez qu'à une chose ..

D'HARMENTAL. A vous, n'est-ce pas?

BATHILDE. Oui!

D'HARMENTAL. Eh bien! ne m'avez-vous pas dit souvent qu'il y a en moi quelque chose d'inconnu, de mystérieux, que vous ne pouvez définir?

BATHILDE. Mais quel est cet homme à cheval qui s'arrête à votre porte?

D'HARMENTAL. L'ami que j'attendais. Bathilde, vous m'excuserez, n'est-ce pas?

BATHILDE. Adieu... non! pas adieu!... ce mot fait mal... au revoir... est-ce que je ne vous vois pas toujours!... avec le cœur, quand ce n'est pas avec les yeux.

D'HARMENTAL. Au revoir, mon amie adorée... au revoir!

(*Bathilde rentre chez elle.*)

SCÈNE II.

D'HARMENTAL, ROQUEFINETTE.

D'HARMENTAL, *allant ouvrir.* Entrez, entrez, capitaine... c'est un plaisir de vous faire des signaux... vous avez l'œil du marin.

ROQUEFINETTE. Laissez-moi d'abord faire tous mes compliments à votre cervelle... vous l'avez gardée saine et entière... ce dont je vous félicite... attendu que dans la cervelle germent les bonnes idées. Tenez, moi, j'avais eu une idée aussi... et je m'étais décidé à venir vous la communiquer... quand au détour de la rue, j'ai vu le signal à votre fenêtre... pardieu! cela se trouve bien... nos deux idées n'en feront peut-être qu'une, si nous nous donnons la peine de les marier ensemble.

D'HARMENTAL. Toujours de belle humeur, capitaine... à propos de quoi, cette idée?

ROQUEFINETTE. Il me semble que je vois là-bas une jolie figure!... hein ...

D'HARMENTAL. Peut-être bien... je vous demandais, capitaine...

ROQUEFINETTE. A propos de quoi mon idée?

D'HARMENTAL. Oui.

ROQUEFINETTE. Eh bien! mais à propos de cette revanche que nous avons à prendre... (*Regardant en face.*) Vous êtes joliment logé, vous. . au Paradis... près des anges . moi, au contraire, depuis avant-hier, j'ai été forcé de me réintégrer dans la chambre d'amis de madame Fillon... au cinquième... séjour maussade... nourriture frugale et solitaire... je voudrais bien déménager.

D'HARMENTAL. Je comprends... eh bien! mon cher capitaine... entamons franchement la conversation... dites-moi vos idées... je dirai les miennes... (*On entend frapper un coup à la porte de la rue.*) Qu'est-ce que cela?

ROQUEFINETTE. On frappe en bas.

BATHILDE, *au balcon.* Il ne revient pas!... Tiens! une dame qui entre en face... et qui monte l'escalier... où va-t-elle?

BRIGAUD, *frappant à la porte.* Est-ce qu'on peut entrer, chevalier?

D'HARMENTAL. L'abbé!

ROQUEFINETTE. L'abbé!

BRIGAUD. C'est que je ne suis pas seul.. est-ce que je pourrais faire entrer une dame qui monte l'escalier?

ROQUEFINETTE. Je suis de trop!

D'HARMENTAL. Oui, oui, mon cher abbé, vite, capitaine, dans la chambre à côté.

(*Le capitaine y entre.*)

BATHILDE. Elle s'arrête à son palier...

D'HARMENTAL. Capitaine, dix minutes... mademoiselle Delaunay sans-doute, entrez, Madame...

SCÈNE III.

LES MÊMES, LA DUCHESSE, BRIGAUD.

LA DUCHESSE. Bonjour, monsieur le chevalier.

D'HARMENTAL. Madame la duchesse! mon Dieu!

BATHILDE. Cette femme est entrée chez lui.

LA DUCHESSE. Mais, qu'il fait clair ici, chevalier!

D'HARMENTAL. J'entends, Madame. (*Il tire le rideau.*)

BATHILDE. Eh bien! il s'enferme avec elle... oh! mais oui!... mais oui!...

D'HARMENTAL. Votre Altesse chez moi! qu'ai-je donc fait pour mériter tant d'honneur?

LA DUCHESSE. Vous avez été malheureux, chevalier, après avoir été brave... je viens vous remercier... vous êtes dans l'embarras peut-être, et il ne sera pas dit que la petite fille du grand Condé a laissé un de ses amis dans l'embarras.

D'HARMENTAL. J'avais besoin de ces nobles paroles, Madame, après l'échec si honteux de l'autre nuit... Votre Altesse me rend plus que du courage, elle me rend l'estime de moi-même.

BRIGAUD. Allons donc!... est-ce que vous l'avez perdue, chevalier! Mais j'ai vu un cheval à la porte... avez-vous quelqu'un ici?

D'HARMENTAL. Personne!... ou du moins personne qui soit à craindre. Parlez, Madame, nous sommes plus en sûreté ici qu'à l'Arsenal.

LA DUCHESSE. C'est bien ce que j'ai pensé... voyez-vous, chevalier, à l'heure qu'il est, nous sommes suspects... nous sommes espionnés... mais nous ne sommes pas découverts.

BRIGAUD. Eh! eh!..

LA DUCHESSE. L'abbé, soyez prudent... ne le soyez pas trop. Je dis donc que nous ne risquons rien encore.. mais entre la sécurité où nous sommes, et le piège qui nous est tendu... il y a juste le temps de frapper un dernier coup

D'HARMENTAL. Je suis prêt.

LA DUCHESSE. L'enlèvement est le moyen le plus imprévu, le plus efficace... il a été résolu que l'enlèvement serait tenté demain... demain, le régent va souper chez sa fille l'abbesse de Chelles... Il s'agit d'avoir douze cavaliers éprouvés, commandés par trois gentilshommes : les trois gentilshommes, ce sont MM. d'Harmental, de Laval, de Pompadour... mais les douze hommes...

D'HARMENTAL. J'ai leur chef.. le chef aura les soldats.

LA DUCHESSE. Bien! l'abbé, donnez au chevalier les trente mille livres que nous avons apportées.

BATHILDE. Ah! m'avoir trompée ainsi... c'est affreux!... une femme vient, et il ne me l'avait pas dit... une femme est là, là près de lui, et il ne comprend pas que je meurs!

(*Elle se met à écrire.*)

D'HARMENTAL. J'accepte l'argent de Votre Altesse, comme le soldat sa solde.

LA DUCHESSE. C'est en effet la solde que je fais... et puis, si le coup de main manquait encore, il vous faudrait fuir, chevalier, car la police de Dubois ne vous pardonnerait pas... (*Présentant un petit portefeuille*) Il y a dans ce portefeuille dix autres mille livres, payables à Dunkerque.. embarquez-vous là pour Londres, à Londres, le rendez-vous général.

D'HARMENTAL. Madame, cette fois nous réussirons. Votre Altesse n'a pas de plan particulier?

LA DUCHESSE. A la sortie du bois de Vincennes, vous posterez vos hommes de vingt en vingt pas... Laval arrêtera le coureur, Pompadour se tiendra, le pistolet au poing, à la portière... les hommes de renfort garotteront les deux valets de pied qui sont tout l'équipage du prince.

D'HARMENTAL. Et moi?

LA DUCHESSE. Vous, vous remplacerez le postillon, vous êtes un cavalier infatigable... vous conduirez le carrosse au galop, vous arrêterez d'abord à Charenton, dont le maître de poste est à nous. Là, est une chaise de voyage tout attelée... les postillons en selle.. vous repartez au galop, vous traversez la Marne à Alfort, la Seine à Villeneuve-Saint-Georges, vous gagnez Grandvaux, Montlhéry... vous êtes sur la route d'Espagne.

D'HARMENTAL. Mais le prince parlera.

LA DUCHESSE. Ce n'est plus un prince... c'est un pauvre fou qui se croit duc d'Orléans.. vous êtes ses parents et vous le conduisez à Sarragosse... dans votre famille .. C'est hasardeux, je le sais... Mais jamais entreprise ne réussit mieux que celle dont nul ne se défie... Nous, pendant ce temps, nous faisons ici vos affaires .. ainsi que vous ferez les nôtres là-bas. Eh bien! chevalier?

D'HARMENTAL. Eh bien! Madame... vos ordres seront exécutés.

LA DUCHESSE. A demain donc.

D'HARMENTAL. A demain.

LA DUCHESSE. Venez, l'abbé.. Chevalier, bon courage! nous touchons au but... encore ce pas, et grands et petits notre fortune à tous est bien faite. Adieu. (*Elle lui tend la main.*) Ah! voyez dans la rue si nul ne nous a guettés.

D'HARMENTAL *tire le rideau, Bathilde rentre avec colère chez elle.* Tiens! qu'a donc Bathilde ?... Personne, Madame, personne.

LA DUCHESSE. Adieu

(*Elle sort avec Brigaud.*)

SCÈNE IV.

D'HARMENTAL, ROQUEFINETTE.

D'HARMENTAL. A nous deux, mon brave... je vous ai fait attendre...

ROQUEFINETTE Oh!...

D'HARMENTAL. Mais... qu'avez-vous donc?.. vous n'êtes plus cet homme souriant, épanoui .. vous avez entendu, n'est-ce pas?

ROQUEFINETTE. Tout!

D'HARMETAL. Eh bien! est-ce que cela ne vous va pas?

ROQUEFINETTE. Je ne dis pas cela.

D'HARMENTAL. Les douze hommes...

ROQUEFINETTE. Je les ai

D'HARMENTAL. Et leur chef .. ce vaillant Roquefinette..

ROQUEFINETTE. Oh! celui-là. . je sais où le trouver.. en supposant que nous tombions d'accord sur les conditions.

D'HARMENTAL. Décidément il a quelque chose. (*Pendant tout ce temps, Bathilde a regardé dans la rue, s'éloigner madame du Maine; elle rentre chez elle.*) Eh bien! les conditions, capitaine, nous allons les discuter. comme deux bons compagnons, et je crois avoir pris mes mesures d'avance pour que vous soyez content.

ROQUEFINETTE. Voyons-les.

D'HARMENTAL. D'abord, je double la somme que vous avez touchée la dernière fois.

ROQUEFINETTE. Ah! je ne tiens pas à l'argent.

D'HARMENTAL. Comment! capitaine, vous ne tenez pas à l'argent?... à quoi tenez-vous donc, alors?

ROQUEFINETTE. A une position.

D'HARMENTAL. Que voulez-vous dire?

ROQUEFINETTE. Tous les jours, chevalier, je me fais plus vieux de vingt-quatre heures .. et avec l'âge, la philosophie arrive

D'HARMENTAL. Voilà un préambule inquiétant .. qu'y a-t il donc?... voyons, capitaine, parlez!... qu'ambitionne votre philosophie?

ROQUEFINETTE. Je vous l'ai dit... une position convenable!.. un grade qui soit en harmonie avec mes longs services... pas en France! Vous comprenez... en France, j'ai trop d'ennemis... mais en Espagne! .. ah! en Espagne, cela m'irait bien!... un beau pays! des femmes superbes!... des doublons à remuer à la pelle... décidément, je veux un grade en Espagne.

D'HARMENTAL Mais la chose n'est pas impossible! .. et cela dépend du grade que vous désirez.

ROQUEFINETTE. Oh! quand on souhaite, autant souhaiter quelque chose qui en vaille la peine.

D'HARMENTAL. Vous m'inquiétez, Monsieur .. Je n'ai pas les sceaux du roi Philippe V pour signer les brevets.. enfin, dites toujours.

ROQUEFINETTE. Eh bien! je vois tant de blancs-becs à la tête des régiments, que moi aussi je veux être colonel!

D'HARMENTAL. Colonel!... vous!... impossible!

ROQUEFINETTE. Et pourquoi donc cela?

D'HARMENTAL. Parce que si l'on vous fait colonel, vous qui n'avez qu'une position secondaire dans l'affaire, que voulez-vous que je demande, moi qui suis à la tête.

ROQUEFINETTE. Vous demanderez ce que vous voudrez, monsieur le chevalier; moi, je ne vous marchanderai pas... Quoi! vous voyez que M. Dubois est sur nos traces! que l'affaire s'embrouille, et que nos têtes sont en jeu, vous me dites : Roquefinette, en avant! et vous marchandez les titres. Fi, chevalier!... Ma parole d'honneur! plutôt que d'en démordre, je mettrai mes mains dans mes poches, et je laisserai faire M. Dubois.

D'HARMENTAL. Bon!... vous voulez être colonel... Mais, supposez que je vous fasse cette promesse... comment répondre que j'aurai l'influence de la faire ratifier?

ROQUEFINETTE. Oh! ne vous tourmentez pas de cela .. je compte bien manipuler mes petites affaires moi-même.

D'HARMENTAL. Où cela?

ROQUEFINETTE. A Madrid!

D'HARMENTAL. Mais qui vous dit que je vous y mène?

ROQUEFINETTE. Je ne sais pas si vous m'y menez... mais je sais que j'y vais.

D'HARMENTAL. Pourquoi faire?

ROQUEFINETTE. Pour y conduire le régent, par Dieu!

D'HARMENTAL. Mais vous êtes fou!...

ROQUEFINETTE Pas de gros mots... Voyons, vous me demandez mes conditions, je vous les dis; elles ne vous conviennent pas... Bonsoir... nous n'en serons pas plus mauvais amis pour cela.

(*Il se lève et va pour sortir.*)

D'HARMENTAL. Vous vous en allez?

ROQUEFINETTE. Sans doute.

D'HARMENTAL. Mais réfléchissez donc qu'il est impossible qu'on vous confie à vous une mission de cette importance.

ROQUEFINETTE. Pourtant, cela sera ainsi... ou ne sera pas du tout... Je conduirai le régent à Madrid. . je le conduirai seul... ou le régent restera au Palais-Royal.

D'HARMENTAL. Et vous vous croyez assez bon gentilhomme pour arracher des mains de Philippe d'Orléans l'épée qui a renversé les murailles de Lérida, et qui a reposé sur le coussin de velours, près du sceptre de Louis XIV?

ROQUEFINETTE. Je me suis laissé dire qu'à la bataille de Pavie, François Ier a rendu son épée à un boucher... Adieu, chevalier!

D'HARMENTAL. Capitaine! voyons, ne nous quittons pas ainsi... partageons le différend par la moitié... Je conduirai le régent en Espagne.. et vous viendrez avec moi.

ROQUEFINETTE. Oui... pour que le pauvre capitaine se perde dans la poussière que fera le brillant chevalier... pour que l'on oublie Roquefinette en vous voyant. . comme tout à l'heure ici, vous, madame du Maine et M Brigaud, vous l'oubliiez... et cependant, il était bien près .. Impossible!.., j'aurai la conduite de l'affaire... ou elle ne se fera pas!

D'HARMENTAL. Mais c'est une trahison!

ROQUEFINETTE. Plaît-il?... J'appelle cela une condition, moi! et je m'y tiens.

D'HARMENTAL. C'est-à-dire que vous voulez être le maître de laisser aller le régent... s'il vous offre le double de ce que je vous donne.

ROQUEFINETTE. Peut-être.

D'HARMENTAL, *se contenant*. Tenez, capitaine, je vous donne vingt mille livres comptant; l'argent est là, dans ce portefeuille!

ROQUEFINETTE. Tarare!

D'HARMENTAL. Je vous emmène en Espagne.

ROQUEFINETTE. Chanson!

D'HARMENTAL. Et je m'engage à vous faire obtenir un régiment.

ROQUEFINETTE, *chantonnant*. Lan, laire, comme dit la présidente.

D'HARMENTAL. Prenez garde, capitaine!... au point où nous en sommes, avec les terribles secrets que vous savez... il y a imprudence pour vous à refuser mes offres.

ROQUEFINETTE. Bah! et que m'arrivera-t-il si je refuse?

D'HARMENTAL. Il arrivera que vous ne sortirez pas d'ici!

ROQUEFINETTE. Et qui m'en empêchera?

D'HARMENTAL. Moi... (*Prenant ses pistolets sur un meuble.*) Un pas encore, et je vous donne ma parole d'honneur que je vous brûle la cervelle.

ROQUEFINETTE. Il faudrait d'abord pour cela que vous ne tremblassiez pas comme une vieille femme!. . Savez-vous ce que vous allez faire?.. vous allez me manquer... le bruit attirera la voisine... cette jolie personne qui écrit là-bas en face .. On appellera la garde .. la garde me demandera pourquoi vous avez tiré sur moi... et il faudra bien que je le dise.

D'HARMENTAL. Vous avez raison. (*Il remet ses pistolets sur le meuble et prend son épée.*) Je vous tuerai plus honorablement que vous ne méritez!... L'épée à la main, Monsieur! l'épée à la main!

ROQUEFINETTE. Et avec quoi me défendrai-je contre ceci? .. Est-ce que vous n'avez pas quelque part une des aiguilles à tricoter de votre maîtresse?

D'HARMENTAL. Oh! mon épée me suffit bien... elle fait plus de mal que vous ne pensez... et puisque vous n'en avez pas peur .. tenez!

(*Il lui fouette le visage avec son épée.*)

ROQUEFINETTE. Démons!

(*Il se met en garde.*)

BATHILDE, *qui a écrit*. Oui, c'est cela... je ne le reverrai plus. « Monsieur, puisque la vie « vous est si douce sans moi... vivez sans « moi.. vivez heureux . Adieu! »

(*Combat acharné.*)

ROQUEFINETTE. La main est leste, il n'y a rien à dire . Touché, hein?...

D'HARMENTAL, *blessé* Oui, l'aiguille à tricoter... Qu'en pensez-vous?

(*Il perce Roquefinette.*)

ROQUEFINETTE. Ah! un joli coup d'épée, chevalier. (*Il chancelle*). Ah! diable de carrelet, va!... (*Il laisse tomber son épée*) chevalier, c'est vous qui mènerez le régent à Madrid... sans rancune! (*Il tombe.*)

D'HARMENTAL. Est-il mort?.. Le malheureux .. ah! que de sang.

(*Il s'agenouille près du corps.*)

BATHILDE, *écrivant*. Son adresse... son nom, pour la dernière fois!

SCÈNE V.

BATHILDE, BUVAT.

BUVAT. Bonjour, Bathilde.

BATHILDE. Ah! c'est vous .. que vous m'avez fait de peine... que j'ai pleuré, cher petit père.

BUVAT D'abord, laisse-moi m'asseoir... je n'ai plus de jambes. (*Il s'assied.*)

BATHILDE. D'où venez-vous?... qu'avez-vous fait?..

BUVAT. Je viens du Palais-Royal... et j'ai sauvé la France.

BATHILDE Oh! mon Dieu! est-ce que vous devenez fou?

BUVAT. Non. . mais il y avait bien de quoi le devenir... tu sais bien ce prince de Listhnay?

BATHILDE. Oui...

BUVAT. Un faux prince, mon enfant... un faux prince! ..

BATHILDE. Mais ces copies qu'il vous donnait à faire?

BUVAT. Des manifestes... des proclamations .. des actes incendiaires.. une révolte, une conspiration contre M. le régent.

BATHILDE. Ah! mon Dieu!

BUVAT. Et c'est moi qui ai découvert tout cela!

BATHILDE. Vous avez parlé d'une conspiration... mais les noms des conspirateurs?

BUVAT. Oh! les premiers noms du royaume... M. le duc du Maine, le prince de Cellamare.. comprends-tu?

BATHILDE. Voilà tout?

BUVAT. Ah! bien oui!... le baron de Valef, M. de Laval... j'ai copié la liste!...

BATHILDE. Mon père! mon père! dans tous ces noms-là, vous n'avez pas vu le nom... du chevalier...

BUVAT. D'Harmental?...

BATHILDE. D'Harmental!

BUVAT. Eh! c'est le chef... le pivot de la conspiration!

BATHILDE. Ah!

BUVAT. Rassure-toi... le régent les connaît tous.. ils seront tous arrêtés ce soir... et demain pendus, écartelés, roués vifs...

BATHILDE. Malheureux! malheureux que vous êtes! vous avez tué celui que j'aime!

BUVAT. Hein!

BATHILDE. Mais, je vous le jure, s'il meurt, Monsieur, s'il meurt, je mourrai!

(*Buvat tombe anéanti. Bathilde sort.*)

D'HARMENTAL. Allons, allons, je n'ai plus qu'à fuir!... ah! Bathilde... elle n'est pas là .. vite, un manteau... des armes... de l'or... une minute pour monter chez elle... pour la décider... allons! (*Il ouvre la porte.*)

BATHILDE. C'est moi!... (*Elle voit le corps.*) Ah!...

D'HARMENTAL. Tu vois, Bathilde, tu vois...

BATHILDE. Vous êtes perdu!...

D'HARMENTAL. Je le sais.

BATHILDE. Il faut fuir.

D'HARMENTAL. J'allais te chercher.

BATHILDE. Laissez-moi... laissez-moi... partez!

D'HARMENTAL. Avec toi!

BATHILDE. Jamais! jamais!

D'HARMENTAL. Est-ce là ce que vous m'avez juré?

BATHILDE. Pas un moment à perdre... on est sur vos traces... le régent sait tout... allez! allez!

D'HARMENTAL. Venez donc, alors... car je ne partirai pas seul.

BATHILDE. Et moi... moi... mon Dieu!

D'HARMENTAL. Quoi?

BATHILDE. Ecoutez!...

D'HARMENTAL. Oui... oui...

BONIFACE, *du dehors,* Chevalier! chevalier!... qu'y a-t-il?.. (*Entrant.*) La maison est cernée.. pleine de gardes!...

D'HARMENTAL. Adieu, Bathilde... il faut mourir! (*Il saisit un pistolet.*)

BATHILDE. Ah!

(*Elle lui arrache le pistolet.*)

UN EXEMPT AVEC DES GARDES. Monsieur le chevalier d'Harmental, au nom du roi et du régent, je vous arrête.

BATHILDE. Raoul! (*Elle s'évanouit.*)

BUVAT, *seul chez lui.* L'homme qu'elle aime... elle mourra s'il meurt... je ne comprends pas.

Neuvième Tableau.

La chambre du Régent au Palais-Royal.

SCÈNE PREMIÈRE.

LE RÉGENT, LA FARE.

LE RÉGENT, *assis.* Ne me parle de rien, La Fare, j'ai promis à Dubois... et Dubois doit venir ici me rappeler ma promesse.

LA FARE. Eussiez-vous promis au diable, Monseigneur, je vous dirai ce que j'ai à vous dire.

LE RÉGENT Je te croyais dans ton lit, je te croyais malade... j'étais bien débarrassé.

LA FARE. J'y étais, Monseigneur, mais hier, j'ai reçu de la Bastille un messager qui m'a fait lever.

LE RÉGENT. De la Bastille?

LA FARE. Oui, et tout malade que j'étais, je me suis levé!... et j'y ai été.

LE RÉGENT A la Bastille?

LA FARE. Oui!

LE RÉGENT. Tu as donc des amis à la Bastille!

LA FARE Pardieu! j'ai M. de Richelieu, j'ai Pompadour... j'ai.. j'ai celui qui m'a donné le dernier coup d'épée que j'ai reçu, le chevalier d'Harmental.

LE RÉGENT. Et c'était le chevalier d'Harmental qui te faisait demander?

LA FARE. En personne.

LE RÉGENT. Et Dubois t'a laissé entrer à la Bastille?

LA FARE. Le chevalier avait dit qu'il avait des révélations à faire, mais ne voulait les faire qu'à moi.

LE RÉGENT. Et il a fait des révélations, le chevalier d'Harmental.

LA FARE. Allons donc! est-ce que les gentilshommes se déshonorent!... non, ils meurent et tout est dit.

LE RÉGENT. Eh bien! pourquoi te fesait-il demander alors?

LA FARE. Pour me remettre cette lettre.

LE RÉGENT. Cette lettre, et à qui est-elle adressée?

LA FARE. A vous, Monseigneur.

LE RÉGENT. Je ne la lirai pas.

LA FARE. Oh! si fait, pardon, vous la lirez.

LE RÉGENT. Je te dis que je ne la lirai pas.

LA FARE. Monseigneur, j'ai donné ma parole d'honneur.

LE RÉGENT. Ta parole d'honneur, de quoi?

LA FARE. Que vous la liriez, et vous ne me ferez pas mentir.

LE RÉGENT. Tous ces drôles-là s'entendent. . allons, donne. (*Après avoir lu.*) C'est bien, prenez un carrosse, huit gardes, et amenez-le ici. . je lui parlerai! mais avant tout votre parole d'honneur, La Fare, que vous n'aiderez en rien à sa fuite, et que, pris à la Bastille par vous, il sera reconduit par vous à la Bastille.

LA FARE. Foi de gentilhomme!

LE RÉGENT. Eh bien! qu'attendez-vous?

LA FARE. Un mot pour M. Delaunay, le gouverneur.

LE RÉGENT. C'est juste, le voici!

(*Il donne un ordre à La Fare.*)

LA FARE. Merci, Monseigneur!

LE RÉGENT. Vous voilà bien content, n'est-ce pas. Dubois s'était donné bien du mal pour finir cette affaire, et nous lui gâtons toute sa besogne.

LA FARE. Avec de la générosité... bon!... Monseigneur, ne croyez pas cela.

LE RÉGENT. Qu'il le sache seulement, et je serai boudé huit jours.

LA FARE. Il ne le saura pas.

LE RÉGENT. Oh! il le saura, il sait tout... tenez, justement le voici, diantre soit de votre clémence, La Fare, allons! passez par mon appartement, Dubois gronderait, et il aurait raison, vite! vite! (*Ils sortent.*)

SCÈNE II.

DUBOIS, UN SECRÉTAIRE, *puis* BUVAT.

DUBOIS, *au secrétaire* On aura soin que les familles des suppliciés soient averties honorablement après l'exécution... allez! qu'y a-t-il encore?

LE SECRÉTAIRE. Monseigneur, il y a là un homme qui veut vous parler.

DUBOIS. Je n'y suis pas.

LE SECRÉTAIRE. Un homme qui vous a rendu, dit-il, un grand service.

DUBOIS. Raison de plus pour que je n'y sois pas, il me demanderait quelque chose.

LE SECRÉTAIRE. C'est qu'il a bien insisté et qu'il pleurniche.

DUBOIS. Chassez! chassez!

BUVAT, *montrant sa tête.* C'est moi, Monseigneur.

DUBOIS. Qu'est-ce que ce drôle?

(*Le secrétaire sort.*)

BUVAT. Moi, Jean Buvat.

DUBOIS. Qu'est-ce que cela, Buvat?

BUVAT. Celui qui a sauvé la France, vous savez?

DUBOIS. Voulez-vous bien me faire le plaisir de déguerpir, maraud.

BUVAT. Oh! Monseigneur!

DUBOIS. Hors d'ici!

BUVAT. Je n'en ai que pour cinq minutes.

DUBOIS. Si je sonne, gare à vos oreilles.

BUVAT. Je ne vous demanderai pas d'argent, Monseigneur.

DUBOIS. Alors, puisque tu ne demandes pas d'argent, tu n'as rien à faire ici.

BUVAT. Pardon, pardon, j'y ai affaire, fort affaire, et voilà pourquoi j'y reste.

(*Il s'assied.*)

DUBOIS. Comment, tu y restes malgré moi?

BUVAT. J'y resterais malgré le régent lui-même, voyez-vous, je suis monté. (*A lui-même.*) Elle m'a dit qu'elle en mourrait.

DUBOIS. Monsieur Buvat, je vous préviens d'une chose.

BUVAT. De laquelle?

DUBOIS. Je vais appeler deux laquais.

BUVAT. Pourquoi faire?

DUBOIS. Pour vous jeter à la porte.

BUVAT. Monsieur Dubois, vous n'êtes pas poli; comme j'ai besoin de vous, je vous passe l'impolitesse... Non, vous n'irez pas à la sonnette, non, asseyez-vous un peu et causons, là, causons, n'est-ce pas?

DUBOIS. Ouais! il a quelque chose d'égaré, ce me semble... est-ce un fou... prenons garde.

BUVAT. Maintenant, vous m'écoutez, c'est très bien, je n'ai qu'une misère à vous demander.

DUBOIS. Faites vite, mon ami.

BUVAT. Une signature... comme cela... un trait de plume... délié et plein, avec une rosace, voilà tout.

DUBOIS. La tête n'y est plus... diable! diable! et pourquoi cette signature, mon cher monsieur Buvat?

BUVAT. Cette signature... c'est, Monseigneur, à propos d'une petite condamnation, vous savez?

DUBOIS. Non, je ne sais pas.

BUVAT. Eh! si, dans cette petite conspiration... vous savez bien.

DUBOIS. Une petite condamnation, dans une petite conspiration...

BUVAT. Oui, c'est à propos d'un des conjurés qui voulaient, les scélérats, enlever M. le régent.

DUBOIS. Eh bien! ce scélérat...

BUVAT. Ce scélérat, je viens demander sa grâce.

DUBOIS. La grâce de qui?

BUVAT. De M. le chevalier d'Harmental.

DUBOIS. Ah bien! en voilà une plaisanterie... Ah! il ne vous faut que cette misère-là, à vous... la grâce de M. d'Harmental.

BUVAT. Mon Dieu! oui, rien que cela.

DUBOIS. Pas davantage!

BUVAT. Mon Dieu! non, pas davantage; mais il me la faut.

DUBOIS. En vérité, si j'avais le temps, ce bipède me divertirait beaucoup. Mon ami, nous verrons cela, nous reparlerons de cela.

BUVAT. Quand, s'il vous plaît?

DUBOIS. Ces jours-ci!

BUVAT. Mais c'est demain qu'on exécute le jugement, et une fois que l'exécution aura été faite, je crois qu'il serait un peu tard.

DUBOIS. Il est d'une bêtise épouvantable, il n'y a pas moyen d'y résister... Allons, hors d'ici, ou sinon...

BUVAT. Oh! non, non... vous entendez bien que je ne rentrerai pas comme cela à la maison!

DUBOIS. Parce que...

BUVAT. Parce que Bathilde en mourrait!

DUBOIS. Eh bien! qu'est-ce que cela me fait, à moi, que Bathilde en meure?

BUVAT. Hein?

DUBOIS. Je dis, qu'est-ce que cela me fait?

BUVAT. Que Bathilde meure, oui, j'ai bien entendu que vous avez dit cela... Cela ne vous fait rien que Bathilde meure; oh! mais c'est une parole cruelle, infâme; ce n'est pas une parole, c'est un rugissement de tigre.

DUBOIS. Plaît-il?

BUVAT. C'est une atrocité, c'est un crime qui n'a pas de nom! Bathilde mourir!... ma pauvre Bathilde! Oh! est-ce que c'est vous qui avez dit cela?

DUBOIS. Sacrebleu! monsieur Buvat, en finirons-nous?

BUVAT. Je savais bien que vous êtes un vilain homme, je vois bien que vous n'avez pas même la figure d'un homme; mais je ne croyais pas que sous cette laide enveloppe, il y eût un cœur plus hideux encore.

DUBOIS. Oh! mon maître, mon maître, vous serez pendu!

BUVAT. Vous me l'avez déjà dit. Eh bien! avant d'être pendu, avant de voir décapiter M. d'Harmental, avant de voir Bathilde mourir de chagrin, je vais commencer par me donner une petite satisfaction.

DUBOIS. Et laquelle, Monsieur?

BUVAT. Parbleu! il ne m'en coûtera pas plus, sabre de bois!

DUBOIS. C'est effrayant!

BUVAT. Je suis très fort!.. je suis un Hercule quand je me mets en colère, je briserais toute la maison comme ceci. (*Il casse sa canne.*) Sabre de bois! je vais vous rompre en mille millions de morceaux!

(*Il saisit Dubois à la gorge.*)

DUBOIS. Au secours! à l'aide!

BUVAT. Ah! Bathilde mourra!.. ah! M. d'Harmental mourra.. ah! je mourrai.. attends! attends!

(*Il le renverse sur le sopha en continuant de l'étrangler.*)

DUBOIS. Au secours! au secours!

SCÈNE III.

LES MÊMES, LE RÉGENT.

LE RÉGENT. Qu'y a-t-il?

DUBOIS. A l'aide!

BUVAT. Tiens, c'est monsieur Philippe!

LE RÉGENT. Dubois qu'on étrangle, ah! ah!

BUVAT. Bonjour, monsieur Philippe, n'est-ce pas que j'ai raison?

LE RÉGENT. Tu dois avoir raison, je connais cette figure-là... Lâchez-le, mon brave... Qui êtes-vous?

BUVAT. Jean Buvat, monsieur Philippe, vous savez, le bibliothécaire à qui le roi doit de l'argent.

LE RÉGENT. Eh! oui!

DUBOIS. C'est un fou, c'est un enragé, c'est un assassin! laissez-moi le faire écarteler, Monseigneur.

SCÈNE IV.

LES MÊMES, RAVANNE.

RAVANNE. Ah! Monseigneur!... Monseigneur!

LE RÉGENT. Eh bien! quoi?

RAVANNE. Pardon, est-ce que... Ah! monsieur l'abbé, vous êtes tout violet.

LE RÉGENT, *riant.* Pardieu! c'est sa couleur, un évêque...

DUBOIS. Bien, bien!... oh! l'esprit est une belle chose.. merci, Monseigneur!

LE RÉGENT. Eh bien! quoi? tu te sauves parce que je ris.

DUBOIS. Vous avez trop d'esprit, Monseigneur, pour ne pas vous tirer d'affaire sans moi... riez, riez! rira bien qui rira le dernier! (*Il sort.*)

LE RÉGENT. Et ce brave homme que tu oublies.. Dubois!.. Dubois!

RAVANNE. Je le reconduirai, Monseigneur, vous savez que c'est un des privilèges de ma charge; mais, veuillez d'abord m'écouter.

LE RÉGENT. Tu es tout joyeux.

RAVANNE. Ma foi, Monseigneur, on le serait à moins, je viens de rencontrer un ange.

LE RÉGENT. Un ange, bah! où cela?

RAVANNE. A la porte, suppliant la garde de la laisser arriver jusqu'à vous.

LE RÉGENT. Eh bien?

RAVANNE. On la repoussait, je l'ai prise sous ma protection.

LE RÉGENT. Attends... (*A Buvat.*) Eh bien! où allez-vous?

BUVAT. Je vais tâcher de le rejoindre!

LE RÉGENT. Qui, Dubois, et pourquoi?

BUVAT. Pour l'achever.

LE RÉGENT Non, non, on en a encore besoin ici.

BUVAT. Pour longtemps?

LE RÉGENT. Pour quelques mois.

BUVAT. Enfin, je patienterai! (*Il sort.*)

LE RÉGENT. Maintenant, fais entrer...

RAVANNE. Entrez, Mademoiselle, j'ai fait ce que j'ai pu, le reste vous regarde.

LE RÉGENT. Tiens, tiens!

SCÈNE V.

LE RÉGENT, BATHILDE.

BATHILDE. Oh! mon Dieu! mon Dieu!

LE RÉGENT. Qu'y a-t-il, Mademoiselle, et que me voulez-vous?

BATHILDE, *s'agenouillant.* Oh! Monseigneur!

LE RÉGENT. Relevez-vous, je vous prie.

BATHILDE. Non, Monseigneur, non, c'est à vos pieds que je dois être, car je viens vous demander une grâce.

LE RÉGENT. Une grâce, et laquelle?

BATHILDE. Voyez d'abord qui je suis, Monseigneur... (*Elle tend la lettre au duc d'Orléans.*) Lisez, Monseigneur, lisez!

LE RÉGENT, *lisant.* « Madame, votre mari « est mort pour la France et pour moi... ni « la France, ni moi, ne pouvons vous rendre « votre mari, mais souvenez-vous que si ja- « mais vous aviez besoin de quelque chose, « nous sommes tous les deux vos débiteurs...

« PHILIPPE D'ORLÉANS. »

Je reconnais parfaitement cette lettre pour être de moi, Mademoiselle, mais à la honte de ma mémoire... je ne me rappelle plus à qui elle a été écrite.

BATHILDE. Voyez l'adresse, Monseigneur.

LE RÉGENT. Clarisse Durocher... oui, en effet, je me rappelle, j'ai écrit cette lettre d'Espagne, après la mort d'Albert, qui a été tué à la bataille d'Almanza, j'ai écrit cette lettre à sa veuve... comment se trouve-t-elle entre vos mains?

BATHILDE. Hélas! Monseigneur, je suis la fille d'Albert et de Clarisse.

LE RÉGENT, *la relevant.* Vous, Mademoiselle... et qu'est devenue votre mère?

BATHILDE. Elle est morte, Monseigneur.

LE RÉGENT. Depuis longtemps?

BATHILDE. Depuis douze ans.

LE RÉGENT. Mais heureuse, sans doute, ne manquant de rien?

BATHILDE. Au désespoir, Monseigneur... dans la misère la plus profonde.

LE RÉGENT. Mais, comment ne s'est-elle pas adressée à moi?

BATHILDE. Votre Altesse était encore en Espagne.

LE RÉGENT. Oh! mon Dieu! que me dites-vous là, pauvre Clarisse... pauvre Albert, ils s'aimaient tant... je me le rappelle... elle n'aura pu lui survivre.. Savez-vous que votre père m'avait sauvé à Nerwinde, Mademoiselle, savez-vous cela?

BATHILDE. Oui, Monseigneur, je le savais, et voilà ce qui m'a donné le courage de me présenter devant vous.

LE RÉGENT. Mais, vous, pauvre enfant, pauvre orpheline, qu'êtes-vous devenue alors?

BATHILDE. Moi, Monseigneur, j'ai été recueillie par un pauvre écrivain nommé Jean Buvat.

LE RÉGENT. Jean Buvat... mais attendez, donc, je connais ce nom-là.. Jean Buvat, mais c'est ce pauvre diable de copiste qui a découvert toute la conspiration du prince de Cellamare; alors cette pupille qu'il était si pressé de revoir... cette Bathilde...

BATHILDE. Hélas! c'était moi!

LE RÉGENT. Mademoiselle, il paraît que tout ce qui vous entoure était destiné à me sauver, me voilà deux fois votre débiteur... vous avez dit que vous aviez une grâce à me demander... parlez hardiment, je vous écoute.

BATHILDE. Oh! mon Dieu, donnez-moi la force.

LE RÉGENT. Mais c'est donc une chose bien importante et bien difficile, que celle que vous souhaitez?

BATHILDE. Monseigneur, c'est la vie d'un homme qui a mérité la mort.

LE RÉGENT. S'agirait-il du chevalier d'Harmental?

BATHILDE. Hélas! Monseigneur, c'est Votre Altesse qui l'a dit.

LE RÉGENT. Est-il votre parent, votre allié, votre ami?

BATHILDE. Il est ma vie .. il est mon âme, Monseigneur. . je l'aime!

LE RÉGENT. Mais savez-vous que si je fais grâce à lui... il faut que je fasse grâce à tout le monde, et qu'il y a dans cette affaire de plus grands coupables encore que lui?

BATHILDE. Oh! grâce de la vie seulement, Monseigneur, qu'il ne meure pas, c'est tout ce que je demande.

LE RÉGENT. Mais si je commue sa peine en une prison perpétuelle, vous ne le verrez plus.

BATHILDE. Je ne le verrai plus, mais il vivra.

LE RÉGENT. Que deviendrez-vous alors?

BATHILDE J'entrerai dans un couvent, Monseigneur, où, pendant le reste de ma vie, je prierai pour vous et pour lui.

LE RÉGENT. Cela ne se peut pas.

BATHILDE. Pourquoi donc, Monseigneur?

LE RÉGENT. Parce qu'aujourd'hui même, il y a une demi-heure, on m'a demandé votre main, et que je l'ai promise.

BATHILDE. Ma main, Monseigneur, vous avez promis ma main, et à qui donc, mon Dieu?

LE RÉGENT, *lui donnant la lettre de d'Harmental*. A votre tour, lisez!

BATHILDE. Raoul!... l'écriture de Raoul!... qu'est-ce que cela veut dire?

LE RÉGENT. Lisez!

BATHILDE, *lisant*. « Monseigneur, j'ai mérité la mort, je le sais, et ne viens point vous « demander la vie... je suis prêt à mourir au « jour fixé, à l'heure dite; mais il dépend de « Votre Altesse de me rendre cette mort plus « douce, et je viens la supplier à genoux de « m'accorder cette faveur... J'aime une jeune « fille, que j'eusse épousé si j'eusse vécu... « permettez qu'elle soit ma femme, quand je « vais mourir, au moment où je la quitte pour « toujours, où je la laisse seule et isolée au « milieu du monde, que j'aie au moins la consolation de lui donner pour sauvegarde « mon nom et ma fortune... en sortant de l'é« glise, je marcherai à l'échafaud. C'est mon « dernier vœu... c'est mon seul désir... ne « refusez pas la prière d'un mourant...

« RAOUL D'HARMENTAL. »

Ah! Monseigneur! Monseigneur! vous voyez bien que pendant que je pensais à lui, il pensait à moi.

LE RÉGENT. Eh bien! soit, je lui accorde sa demande, elle est juste... puisse cette grâce, comme il le dit, adoucir ses derniers moments.

BATHILDE. Oh! c'est bien affreux, le revoir pour le perdre à l'instant même, Monseigneur, Monseigneur... la vie! je vous en supplie... et que je ne le revoie jamais, j'aime mieux cela.

LE RÉGENT. Pourquoi voulez-vous que je fasse pour le chevalier plus qu'il ne demande lui-même?

BATHILDE. Oh! mais pour moi, pour moi, Monseigneur!

LE RÉGENT, *sonnant*. Qu'on éclaire la chapelle et que mon aumônier se tienne prêt.

BATHILDE. Oh! Monseigneur, Monseigneur, vous êtes bien cruel!

LA FARE, *entrant*. Monseigneur!

LE RÉGENT. C'est vous, La Fare, bien!

RAVANNE, *entrant*. Eh bien! Mademoiselle?

BATHILDE. Inflexible!... inflexible!

LE RÉGENT. Vous savez ce qu'a demandé le chevalier, monsieur de La Fare? sa demande lui est accordée... vous servirez de témoin à M. d'Harmental; Ravanne, vous accompagnerez mademoiselle Durocher à l'autel... Ah! qu'on fasse prévenir ce bonhomme qui était ici tout-à l'heure.

LA FARE. Mais ensuite, Monseigneur?

RAVANNE. Après, Votre Altesse?

LE RÉGENT. Vous trouverez mes ordres à la Bastille, en y reconduisant le chevalier.

RAVANNE. Madame pourra-t-elle l'accompagner.

LE RÉGENT. Jusqu'à la porte de la Bastille, oui.

BATHILDE. Monseigneur!

LE RÉGENT. Assez, Mademoiselle... assez!

BATHILDE. Ah! mon Dieu! mon Dieu!

(*Le régent sort, la porte du fond s'est éclairée, on voit une chapelle garnie de gardes. — d'Harmental entre.*)

BATHILDE. Raoul!

D'HARMENTAL. Bathilde!... du moins je mourrai votre époux!

(*Ravanne donne la main à Bathilde ils entrent dans la chapelle.*)

Dixième Tableau.

A CHELLES. — Un salon élégant.

SCÈNE PREMIÈRE.

BOURGUIGNON, BUVAT.

BOURGUIGNON. Entrez, monsieur Buvat, entrez!

BUVAT, *sur la porte*. Mais avant d'entrer, monsieur Bourguignon, je voudrais bien savoir où je suis.

BOURGUIGNON. Monsieur, vous êtes à Chelles.

BUVAT. Ah! je suis à Chelles, c'est déjà bien, et je suis satisfait de savoir que je suis à Chelles, mais à qui cette maison dans laquelle vous me faites entrer?

BOURGUIGNON. A qui cette maison... vous ne le savez pas?

BUVAT. Non, non, Monsieur, voilà pourquoi j'ai l'honneur de vous le demander.

BOURGUIGNON. Eh bien! vous êtes chez madame la baronne.

BUVAT. Ah! je suis chez madame la baronne... ah! ah!

BOURGUIGNON. Oui, elle vient d'acquérir cette propriété.

BUVAT. Je lui en fais mon compliment bien sincère... mais pardon...

BOURGUIGNON. Quoi, Monsieur?

BUVAT. Quelle est cette baronne, s'il vous plaît?

BOURGUIGNON. Vous demandez quelle est cette baronne?

BUVAT. Oui, je demande quelle est... aurais-je commis une indiscrétion, par hasard, monsieur Bourguignon.

BOURGUIGNON. Non, Monsieur, pas le moins du monde... cette baronne, c'est une amie de M. Philippe.

BUVAT. De M. Philippe... ah! oui, un bien brave homme, que ce M. Philippe... ainsi donc, c'est M. Philippe...

BOURGUIGNON. Qui m'a chargé de vous conduire ici, chez la baronne.

BUVAT. Ah! voilà, c'est cette baronne que je ne peux pas savoir...

COMTOIS, *annonçant*. Madame la baronne d'Harmental!

BUVAT. C'est probablement la mère de ce pauvre chevalier!

SCÈNE II.

BATHILDE, BUVAT.

BUVAT. Bathilde!... Bathilde!... est-ce bien toi, mon enfant.

BATHILDE. Oh! petit père, j'ai donc le bonheur de vous retrouver, vous, au moins.

BUVAT. Ah! mon Dieu!... eh bien! puisque te voilà, tu vas tout m'expliquer, mon enfant, il faut te dire que je crois que j'ai fait un rêve, vois-tu.

BATHILDE. Que vous est-il arrivé, petit père?

BUVAT. Imagine-toi que j'ai été chez le régent.

BATHILDE. Et qu'alliez-vous faire chez le régent?

BUVAT. Tu comprends, ma pauvre enfant, tu m'avais dit : « Malheureux! vous avez tué celui que j'aime, mais je vous le dis, s'il meurt, je meurs! »

BATHILDE. Alors?

BUVAT. Il s'agissait de t'empêcher de mourir, ma pauvre enfant, et j'ai demandé à M. Dubois la vie de M. d'Harmental, en récompense de ce que j'avais sauvé la France.

BATHILDE. Eh bien?

BUVAT. Eh bien! il m'a ri au nez, il m'a dit que j'étais fou, et il a voulu me faire mettre à la porte.

BATHILDE. A la porte!...

BUVAT. Oui, mais je n'ai pas voulu m'en aller, moi, je lui ai dit que je voulais la vie du chevalier d'Harmental, attendu que c'était ta vie, mon enfant; alors, il a répondu quelque chose, je ne sais plus trop quoi! Ce quelque chose m'a exaspéré, je lui ai sauté à la gorge.

BATHILDE. Oh! mon Dieu! et...

BUVAT. Et je crois que je l'ai un peu étranglé.

BATHILDE. Vous, petit père?

BUVAT. Oui, il a crié beaucoup, malheureusement, et il allait ne plus crier dutout, quand il est arrivé quelqu'un, M. Philippe, un monsieur que je connais, puis un petit bonhomme de page, ça m'a dérangé... on m'a conduit dans une chambre, où je suis resté seul; un instant après, M. Bourguignon est venu me chercher, il m'a dit qu'on m'attendait pour un mariage... oh! je lui ai dit : non, ce n'est pas la peine, monsieur Bourguignon, je n'ai pas le cœur à la noce. Il m'a répondu : c'est égal, venez toujours. Comme c'est un garçon très aimable que M. Bourguignon, je l'ai suivi; alors, il m'a conduit à la porte d'une chapelle... Ah! vois-tu, mon enfant, c'est ici que ça s'embrouille dans ma tête. Imagine-toi qu'il m'a semblé que je te voyais agenouillée devant l'autel avec le chevalier d'Harmental, tout entouré de gardes, et, qu'au milieu de ces gardes, un prêtre vous mariait... C'est étonnant de rêver comme cela tout éveillé, c'est la première fois que cela m'arrive... Mais, depuis quelque temps, il m'arrive tant de choses qui ne m'étaient jamais arrivées...

BATHILDE. Hélas! non, vous n'avez pas rêvé, petit père, c'était bien moi, c'était bien le chevalier, c'était bien un véritable mariage.

BUVAT. Ainsi, tu es mariée?

BATHILDE. Oui, mariée ce soir, veuve demain.

BUVAT. Veuve demain!... tu n'as donc pu rien obtenir non plus, toi?

BATHILDE. Hélas! non, que d'être sa femme avant qu'il ne meure.

BUVAT. Oh! et quand je pense que c'est moi, qui, par peur de la torture, ai été chez cet infâme coquin de Dubois... mais, cinq coins, dix coins, la question ordinaire et extraordinaire... oh! je suis un misérable! tiens, Bathilde, je m'en vais, car tu ne dois plus pouvoir me regarder en face. Adieu, Bathilde, adieu, mon enfant!

BATHILDE. Oh! non, petit père, restez, car je n'ai plus que vous.

BUVAT. Tu n'as plus que moi?... dam, si tu n'as plus que moi, je reste.

BATHILDE. Oui, oui, vous êtes bon, vous.

BUVAT. Voyons, voyons, mon enfant, du courage.

BATHILDE. Mon père, je vous dis que tout est fini!

BUVAT. Tout est fini?

BATHILDE. Ecoutez, comme je passais sur la place de la Bastille... oh!

BUVAT. Comme tu passais sur la place de la Bastille...

BATHILDE. J'ai vu des hommes qui travaillaient dans l'ombre, et qui dressaient un échafaud

BUVAT. Un échafaud!

BATHILDE. Et, peut-être qu'à cette heure... à cette heure où je vous parle, à cette heure où vous me dites d'espérer... peut-être...

COMTOIS, *annonçant*. M. le chevalier d'Harmental.

BUVAT. Le chevalier d'Harmental!

SCÈNE III.

BUVAT, D'HARMENTAL, BATHILDE.

D'HARMENTAL. Bathilde!

BATHILDE. Raoul!

D'HARMENTAL. Bathilde!... où suis-je? oh! parle-moi donc, que je sois sûr de n'être point devenu fou.

BATHILDE. Oh! non, c'est moi, c'est bien moi!

BUVAT. Et moi aussi, monsieur le chevalier... c'est moi, c'est bien moi.

D'HARMENTAL. Mais qui vous a amené ici, Bathilde?

BATHILDE. Monsieur de Ravanne, mais vous, vous-même, que vous est-il arrivé depuis qu'on nous a séparés à la porte de la Bastille?

D'HARMENTAL. On m'a fait rentrer dans la forteresse : là, M. de La Fare, qui m'accompagnait comme vous savez, a trouvé une lettre cachetée dont il a pris connaissance. Une voiture toute attelée attendait dans la cour : Montez, Monsieur, a-t-il dit, j'ai obéi... Il s'est assis près de moi ; douze hommes à cheval ont pris leur place, six à chaque portière.

BATHILDE. Douze hommes à cheval...

D'HARMENTAL. Oui, j'ai compris alors que le régent me faisait grâce d'une mort infamante, que l'on m'emmenait pour me faire mourir au moins de la mort du soldat; je me suis informé à M. de La Fare, mais il avait ordre de ne pas me répondre J'ai compris que j'étais condamné; je lui ai pris les mains et je lui ai dit: « Monsieur, au nom du ciel, laissez-moi la voir une fois encore ; laissez-moi lui dire adieu, et je mourrai sans me plaindre et en vous bénissant. » Dix minutes après, la voiture s'est arrêtée devant cette maison, l'escorte a fait halte ; M. de La Fare est monté avec moi jusque dans l'antichambre ; il a dit à un valet : Annoncez le chevalier d'Harmental, et je suis entré.

BATHILDE. Oh! mon Dieu! et il est là dans l'antichambre, et ces hommes sont là, sous cette fenêtre.

D'HARMENTAL. Oui, Bathilde, oui, ma bien-aimée; mais je te presse encore une fois sur mon cœur... une fois encore je te dis : Je t'aime; une fois encore, tu peux me le dire.

BATHILDE Oh! oui, je t'aime!

BUVAT, *allant à la fenêtre.* Et quand on pense qu'il y a là sous la fenêtre douze brigands qui attendent... Ah! mais non, il me semble qu'ils n'y sont plus... Ils s'en vont... ils s'en vont là-bas...

D'HARMENTAL. Comment, ils s'en vont?

BUVAT. Oui!

BATHILDE. En effet!

D'HARMENTAL. Que veut dire ceci?

BATHILDE. Mon Dieu!

D'HARMENTAL, *à la porte.* Monsieur de La Fare! Monsieur de La Fare!

BOURGUIGNON. Il est parti, Monsieur!

D'HARMENTAL. Comment, sans rien dire pour moi?

BOURGUIGNON. Si fait!.. il a dit... il a dit de faire ses compliments à Monsieur.

D'HARMENTAL. Que signifie ce départ?

BATHILDE. Ecoutez, Raoul, quelle que soit la cause de ce départ, il faut en profiter.

D'HARMENTAL. Que dites-vous?

BATHILDE. Je dis que nous sommes seuls, je dis que vous êtes libre... Fuyons!

BUVAT. Oui, fuyons!

D'HARMENTAL. Fuir, impossible!

BATHILDE. Impossible; et pourquoi?

BUVAT. Oui, pourquoi?

D'HARMENTAL. Parce qu'en sortant de la Bastille, j'ai engagé ma parole à M. de La Fare.

SCÈNE IV.

LES MÊMES, LE RÉGENT.

LE RÉGENT. Je vous la rends, chevalier!

BUVAT. Tiens, M. Philippe!... Bonsoir, monsieur Philippe (*Il lui prend la main*).

BATHILDE. Monseigneur le régent?

D'HARMENTAL. Son Altesse le duc.

BUVAT. Sabre de bois!...

LE RÉGENT. Bathilde, je me suis aperçu que j'avais par mégarde conservé la lettre de votre mère, et je vous la rapporte.

BATHILDE. Monseigneur!

LE RÉGENT. Ne m'avez-vous pas dit que c'était votre seul héritage?

BATHILDE. Monseigneur!... Ah! je savais bien que vous ne pouviez pas vouloir qu'il mourût.

LE RÉGENT. On vous avait promis le grade de mestre-de-camp, Monsieur; je ne veux pas que vous fassiez un sacrifice en rentrant au service du roi, monsieur le baron; voici votre brevet.

D'HARMENTAL. Monseigneur, Monseigneur, vous pouvez bien me pardonner; mais, moi, je ne me pardonnerai jamais.

LE RÉGENT. Quant à vous, monsieur Buvat, n'avez-vous point parlé à votre ami Philippe d'un certain arriéré?...

BUVAT. Oui, Monseigneur, cinq mille deux cents livres quinze sous huit deniers.

LE RÉGENT. Vous vous présenterez demain à la caisse, voici l'ordre de vous payer.

BUVAT. Vraiment, Monseigneur... (*Lisant*) Ah! pardon, pardon, Monseigneur...

LE RÉGENT. Eh bien! quoi?

BUVAT. Ça ne fait pas mon compte... C'est votre contrôleur des finances qui a fait une erreur; il a mis... Oh! si c'est comme cela qu'il fait vos affaires, je ne vous conseille pas de le garder à votre service.

LE RÉGENT. Eh bien! qu'a-t-il mis?...

BUVAT. Oh! presque rien, un zéro de trop; de sorte que l'ordonnance porte cinquante mille deux cents livres, quinze sous huit deniers...

LE RÉGENT. Gardez, monsieur Buvat, gardez!

BUVAT. Il ne comprend pas... Comment que je garde; mais vous voyez bien, Monseigneur, qu'il y a cinquante mille francs de trop.

LE RÉGENT. La différence sera pour les intérêts.

BUVAT. Ah çà! mais le roi n'est donc plus gêné, Monseigneur?

LE RÉGENT. Quant à votre place...

BUVAT. Ah! oui, Monseigneur sait que j'ai perdu ma place pour avoir sauvé la France.

LE RÉGENT. Les appointements vous en seront conservés à titre de pension.

BUVAT. Eh bien! mais je n'aurai donc plus rien à faire?

LE RÉGENT. Vous apprendrez à écrire à leurs enfants.

BOURGUIGNON. Madame la baronne est servie!

LE RÉGENT. Eh bien! Bathilde, croyez-vous que votre mère m'ait pardonné?

(*Il salue et sort.*)

FIN.

IMPRIMERIE DE E. DÉPÉE, A SCEAUX (SEINE).

OUVRAGES D'ALEXANDRE DUMAS,

En vente chez le même Éditeur.

LOUIS XV

4 volumes in-8 (*inédit et terminé*).

LA RÉGENCE

2 volumes in-8 (*inédit et terminé*).

LE VÉLOCE

2 volumes in-8 (*inédit*).

LES MILLE ET UN FANTOMES

2 volumes in-8 (*terminé*).

LA COMTESSE DE SALISBURY

6 volumes in-8.

LE COLLIER DE LA REINE

10 volumes in-8.

Mémoires d'un Médecin

20 volumes in-8.

LES QUARANTE-CINQ

10 volumes in-8.

LES DEUX DIANE

10 volumes in-8 (*inédit*).

LE BATARD DE MAULÉON

9 volumes in-8.

LE CHEVALIER DE MAISON-ROUGE

6 volumes in-8.

LA FILLE DU RÉGENT

4 volumes in-8.

SOUS PRESSE :

LES MARIAGES DU PÈRE OLIFUS.

LOUIS XVI ET LA RÉVOLUTION.

IMPRIMERIE DE E. DÉPÉE, A SCEAUX, SEINE.